사회정서학습

[개정 2판]

학교 교육으로 튼튼한 마음 가르치기

사회정서학습

초 판 1쇄 발행 2020년 2월 17일
개정판 2쇄 발행 2024년 8월 20일

지은이 김윤경
펴낸이 김명희
편 집 이은희
디자인 씨오디

펴낸곳 다봄교육 | **등 록** 2011년 6월 15일 제2021-000136호
주 소 서울시 마포구 도정로 222 한국출판콘텐츠센터 305호
전 화 02-446-0120 | **팩 스** 0303-0948-0120
전자우편 dabombook@hanmail.net
인스타그램 instagram.com/dabom_books

ISBN 979-11-92148-72-4 93370

학교 교육으로 튼튼한 마음 가르치기

사회정서학습 [개정 2판]

김윤경 지음

Social and Emotional Learning

다봄교육

개정판 서문

· · ·

이 책을 처음 낸 것이 2020년 2월 코로나 직전이었다. 그리고 삼 년 반이 지난 지금, 너무 많은 것들이 바뀌었다. 이전에는 먼 미래 얘기 같았던 온라인 기반 수업이 자연스러워졌고, AI 교육도 학교 현장에서 화두가 되었다.

그사이에 사회정서학습도 많은 것이 바뀌었다. 그도 그럴 것이 비대면 수업이 확대됨에 따라 사이버 중독과 대인관계 기피 문제가 심각해지고 아이들의 정서적 문제 악화가 도드라졌다. 또 팬데믹 이후 성큼 다가온 4차 산업혁명은 불확실성과 무한 경쟁 속에서 자신의 삶을 이끌 수 있는 새로운 인성을 요구하고 있다. 이에 따라 사회정서학습에 대한 요구도 확장되었다. '윤리적 성찰', '주도성', '비판적 사고', '데이터 분석', '편견과 편향성 인식', '정의', '문화적 역량', '호기심과 개방성'과 같은 새로운 개념들이 기존 이론 체계에 포함되었다. 즉, 사회정서학습이 보다 전인교육적인 면모를 지니게 된 것이다. 이번 개정판은 이런 변화들을 담고자 한 결과물이다.

그런데 개정 작업하는 내내 나의 감정이 예전과 같지 않았다. 초판을 낼 때는 사회정서학습의 필요성을 독자들에게 설득하고 싶었고, 특히 선생님들이 동의해 주길 바랐다. 그래서 이론적 내용을 담으면서도 대학교 교재처럼 쓰지 않았고, 적용 방법도 구체적으로 담으려 애를 썼다.

그런데 이번에는 선생님들이 이 책을 읽으며 사회정서학습이 필요하다는 내

주장에 예전처럼 고개를 *끄덕*여 줄까 걱정이 앞섰다. 사회정서학습은 카셀이라는 미국에 기반을 둔 한 단체가 추진하는 교육 운동이고, 냉소적으로 보면 사회정서학습이라는 이름을 단 프로그램들을 홍보·판매·관리하기 위한 상업성이 짙은 개념이기도 하다. 미국과는 환경도 정서도 다른 우리나라 교육이 카셀의 사회정서학습을 적용해야 할 필요가 있을지 이의를 제기할 수도 있을 것이다. 게다가 인성교육이나 생활지도에 대한 교사들의 생각도 그사이 많이 변했다. 학교 폭력의 증가로 인성교육이 다시 교육계의 화두가 되고 있지만, 이 문제를 해결하는 데 중요할 수밖에 없는 교사들이 자신의 역할 자체를 부정하게 된 것이다. 쉬는 시간도 포기하고 퇴근도 미뤄가며 생활지도를 하던 교사들이 이제 못 하겠다고, 안 하겠다고 선언하기 시작했다. 교권이 설 자리는 없어지는데 업무와 책임은 갈수록 과중해지고, 어떤 사건이 일어날 때마다 편을 가르는 언론은 교사, 학부모, 학생이 서로 등을 지도록 만들고 있었다.

이 때문에 나는 이 책을 더 많은 사람이 읽길 바란다. 선생님보다 교장 선생님이, 그리고 교육 정책을 만들고 지원하는 사람들이 더 많이 읽었으면 한다. 그리고 카셀의 사회정서학습 프로그램에 담긴 신박한 아이디어 자체보다 카셀이 교사를 어떻게 지원하고 있는지를 봐 주기를 바란다. '사회정서학습'이 우리와 다른 교육 환경에서 실행되는 상업성이 있는 프로그램임에도 불구하고 우리 사회에 필요하다고 주장하는 건, 사회정서학습이 교사, 학부모, 학생이 서로 소진되지 않으면서 연결되도록 도와주는 데 효과적인 시스템이라고 생각하기 때문이다.

사회정서학습 연수를 마친 뒤 "우리 교육이 바뀌려면 사회정서학습 요소 중 어느 것이 가장 핵심이라고 보시나요?"라는 질문을 받은 적이 있다. 잠시 고민한 나는 '선생님'이라고 말씀드렸다. 아무리 좋은 묘안이라도 실행에 옮기는 사람의 의지 없이는 좋은 결과를 기대하기 어렵다고 생각해서다. 세상이 계속 앞으로 나아가려는데도 문제가 더 깊어지는 것은 사람을 생각하지 않았기 때문이다. 교육과 관련해 점점 더 촘촘해지는 각종 법령과 조치들은 오히려 교사들의 업무를 과중하게 만들고 교사들을 교육자가 아닌 서비스 제공자로 느끼게 하고 낙담시키고 있다.

팬데믹이 끝났는데도 교사와 학생, 교사와 학부모의 사이가 더 멀어져 보이는 요즘, 마음에 상처를 입고 산산조각이 난 관계를 다시 연결하는 데 이 책이 조금이라도 도움이 되길 바란다. 덧붙여 개정 작업에 심혈을 기울여 주신 김명희 대표님, 무더위 속에서 잠을 미뤄가며 꼼꼼하게 원고를 교정해 주신 이은희 편집장님, 아름답게 표지를 디자인해 주신 제갈애슬님께 고맙다는 말씀을 꼭 드리고 싶다. 마지막으로 이 책의 초판을 읽고서 사회정서학습의 필요성에 공감해 준 선생님들과 장학사님들을 만날 때마다 항상 감사했다는 마음을 전하며 개정판 서문을 마친다.

2023년 여름
김윤경

초판 서문

·
·
·

'고슴도치 딜레마'라는 것이 있다. 가시투성이인 고슴도치는 추운 겨울날 온기가 필요해 서로에게 다가가지만 가시에 찔릴까 봐 거리를 두는 바람에 온기를 제대로 나눌 수 없는 딜레마에 빠진다는 이야기다. 독일의 철학자 쇼펜하우어가 쓴 우화에 등장하는 이 딜레마는 본래 타인과 가까이하고 싶으면서도 일정한 거리를 두려고 하는 인간의 본성을 나타내려고 쓰였는데, 교사의 말 한마디에도 잔뜩 날을 세우는 요즘 학생들을 보면 마치 고슴도치 같다는 생각이 들곤 한다. 고슴도치의 가시처럼 자기방어에서 비롯된 공격성은 대부분 상처받았던 경험들로 형성된다. 어찌 되었든 이해할 수 없는 아이들의 공격에 교사 또한 상처받고 고슴도치가 되기도 한다.

만약 부정적 행동 문제가 심하고, 교실에서 문제를 일으켰다면 학교 상담실에 보내는 방법으로 그 학생의 문제를 교정하고 상처를 어루만져 줄 수도 있다. 하지만 이미 문제를 일으킨 후라 상담 치료는 사후약방문 격이고, 그간 그 학생으로 인해 상처받았던 교사와 다른 학생들의 마음은 대체로 치유되지 않은 채 남는다. 더 우려되는 것은 특별한 문제를 일으키지는 않지만, 자존감이 낮고 공격적인 아이들이 날이 갈수록 많아진다는 사실이다. 그리고 이를 해결하려는 우리의 교육에는 무언가 중요한 부분이 빠진 것 같다는 인상을 지울 수가 없다. 인성교육, 회복적 생활교육, 학교 폭력 예방 교육 등 아이들을 위한 온갖 제안과 처방은 넘쳐

나는데 교사와 학생이 힘든 건 무언가 중요한 것을 놓치고 있기 때문이다.

사회정서학습 옹호론자들은 사회정서학습을 흔히 '잃어버린 퍼즐 조각 missing piece'으로 묘사한다. 사회정서학습이 교실에서 벌어지는 감정적인 상처들을 예방하고 학생들이 행복하게 살도록 가르치기 때문에 중요하지만, 대개 잘 실행하지 않는, 바로 그 놓친 부분이기 때문이다. "우리는 학생들에게 무엇을 가르쳐야 하는가?" 또 "어떻게 가르쳐야 하는가?" 물론 교과 지식을 가르쳐야겠지만, 가르치는 행위의 본질적인 목표는 더 근본적인 것이다. 교사가 무엇을 어떻게 가르쳐야 하는가는 인간의 오래된 물음이기도 하지만, 교실에서 매 순간 아이들과 부딪치는 교사들이 고민하는 치열한 물음이기도 하다. 우리는 교과 지식뿐만 아니라 아이들이 행복하게 살 수 있는 삶의 기술을 가르쳐 줘야 하는데, 그 기술을 어떻게 가르치냐가 바로 사회정서학습이다.

사회정서학습이라는 명칭 안에 '사회'와 '정서'란 말이 담겨 있다 보니, 사회정서학습을 막연히 사회적인 관계와 정서를 가르치는 정서 교육으로 이해하는 경우가 많다. 그러나 사회정서학습은 정서를 강조하는 교육을 넘어, 성공적인 삶의 기술을 가르치기 위한 '교육 시스템, 정책, 과정과 절차, 연구를 통한 검증 등'의 요소를 아우르는 보다 복잡한 상위 개념이다. 사회정서학습의 의미와 특성, 이론적 배경 등을 설명하는 데 이 책의 많은 부분을 할애한 것은 이와 같은 사회정서학습 개념의 복잡성 때문이다. 만일 이 책을 통해 학생들의 사회정서적 역량을 높이는 교수 학습 방법을 얻고자 했다면 이론에 대한 서술이 불필요하게 느껴질지도 모르겠다. 하지만 사회정서학습은 어떤 묘책이 담긴 교수 학습 방법이 아니다. 부족하지만 이 책에서 제안한 것처럼 아이들의 변화를 위해서는 학교와 교육 시스템, 정책 전체의 변화가 필요하다는 사실을 이해해 주길 바란다.

원고 쓰기를 끝마쳤을 무렵 친척들이 모인 자리에서 지나가는 얘기로 '요새 학교가 힘들다'는 말을 한 적이 있다. 그랬더니 "그래도 교사가 편하지 않니?", "그래도 교사가 편하지.", "애들은 단순하잖아." 하며 모두 한마디씩 거들었다. 과잉 노동이 일상인 우리 사회에서 교직이 편한 자리라는 선입견이 사실일지도 모른다. 하지만 하루가 다르게 변해 가는 아이들을 상대하며 소진되고 있는데, 그래도 편한 직업이라는 통념 속에서 어떻게든 아이들을 지도하려고 애쓰는 교사들의 모습은 고군분투孤軍奮鬪라는 말 말고는 달리 설명할 길이 없다. 어쩌면 부모보다 더 오랫동안, 더 열심히 마음이 아픈 아이들을 위해 고군분투하는 많은 선생님들께 이 책이 힘이 되길 바란다.

이 글을 마치기 전에 꼭 감사의 말을 전해야 할 분들이 있다. 세 아이 엄마다 보니 여러 사람의 도움이 없었다면 지금까지 공부도 집필도 할 수 없었다. 사랑하는 엄마, 아빠, 어머니, 아버님, 이웃이자 친구인 정연, 연진이에게 고마움을 전한다. 이들 덕분에 잠시라도 마음 편히 아이들을 맡기고 공부할 수 있었다. 사회정서학습을 처음 알게 해 주시고 부족한 제자를 묵묵히 격려해 주셨던 정창우 교수님, 사회정서학습을 함께 실험해 준 양진중학교 학생들과 선생님들, 초고를 읽고 조언해 주었던 정아, 다정한 김명희 대표님, 꼼꼼하게 교정해 주신 최양순 님께도 깊은 감사의 마음을 전해 드린다. 마지막으로 잘 챙겨 주지 못하는 엄마인데도 오히려 힘내라고 응원해 주는 나의 귀염둥이들 승식, 승준, 승민과 아직도 내게는 세상에서 가장 멋진 사랑하는 남편 정택에게 이 책을 바친다.

2020년 2월, 즐거운 나의 집에서
김윤경

차례

PART 2 사회정서학습 실행하기

사회정서학습에
대하여

Social and Emotional Learning

'사회정서학습'이란 무엇인가? 사회정서학습을 한마디로 정의하기는 쉽지 않다. 어떤 이는 정서 중심 교육 운동으로 보고, 어떤 이는 구체적인 프로그램으로, 또 어떤 이는 학습 지원 시스템을 발전시키는 교육 기획으로 보는 등 다양한 시각에서 바라보기 때문이다. 이렇게 다양한 시각이 존재하는 이유는 사회정서학습이 인과 관계가 분명한 이론이라기보다는 학교 개혁 운동에 가까운 성격을 띠어서다. 무엇을 변화시키고 싶은지에 따라 사회정서학습을 이해하는 시각이 달라지는 것이다.

그럼에도 사회정서학습을 연구해 온 학자들은 최근 다양한 시각을 공통으로 포괄할 수 있는 하나의 틀을 만들어 냈다. 1부에서는 그 틀을 토대로 사회정서학습이 무엇인지 소개한다. 나아가 사회정서학습에 영향을 준 이론적 배경과 사회정서학습의 탄생 배경, 그리고 적용 필요성을 살펴볼 것이다. 학습 이론이 아닌 사회정서학습을 이해하기 위해서는 이론을 구성하는 개념과 논리 구조에 대한 해설보다 왜 그것이 등장했고, 어떤 맥락에서 우리에게 의미가 있는지 알아야 하기 때문이다. 특히 인성교육과 민주시민교육은 우리나라에 사회정서학습 적용이 필요함을 고민하게 하는 중요한 맥락이다. 또한 사회정서학습을 국가 수준에서 적용해 실시한 해외 사례를 살펴볼 텐데, 이는 우리에게 사회정서학습이 어떤 식으로 필요할지 생각하는 데 많은 시사점을 줄 것이다. 마지막 장에서는 사회정서학습을 구체적으로 이해하고 유용성을 가늠해 보고자 대표적인 사회정서학습 프로그램 몇몇을 소개할 것이다.

1장

사회정서학습
만나기

사회정서학습이란? •••

2011년 학교 폭력으로 피해 아이가 스스로 목숨을 끊었다는 뉴스가 매달 보도되던 그 해, 나는 아이들의 '알몸 졸업식'을 막는 임무를 전달받았다. 우리 학교 교사들은 졸업식이 끝나고 '일진' 아이들이 그 전 해에 온 나라를 시끄럽게 했던 것처럼 속옷만 입고 길거리를 활보할까 봐 저녁까지 보초를 서야 했다. 왜 아이들은 그토록 어리석은 짓을 했던 걸까? 그 아이들은 대부분 옳고 그름을 잘 구분하지 못했고, 현명한 선택을 하는 데 필요한 삶의 기술을 교육받은 경험이 부족했다. 그리고 마음이 아팠다. 학교에는 소통과 즐거움, 존중과 신뢰도 있었지만 학교 폭력의 가해자와 피해자 간에 얽힌 상처와 절망, 분노와 적개심도 있었다.

　그 뒤로 10년이 더 지난 지금, 우리 아이들이 처한 상황은 나아졌을까? 그동안 학교 폭력 문제를 처리하기 위한 시스템이 갖춰지고, 전문 상담 인력이 증원되었으며, 학생인권이 개선되는 등 많은 변화가 있었다. 그럼에도 불구하고 각종 수치들이 가리키는 결과는 여전히 실망스럽다. 2007년 이후 현재까지 우리나라 청소년 사망원인 1위는 줄곧 '자살'이다. '2022 청소년 통계'에 따르면 자살 청소년은 2017년에 비해서 1.4배 늘었으며, 아동·청소년 우울증 진료 건수는 2019년에 비해 18.9% 증가했다. 게다가, 학교 폭력 피해 응답 인원은 2020년에 비해 50% 이상 증가했다.* 이런 통계 결과들은 우리나라 아동의 행복지수가 왜 OECD 22개국 중 최하위일 수밖에 없는지 보여 준다.**

　이런 저런 대책과 제도가 마련되어 실행되는데도, 교사는 우리 교육에서 무언가 중요한 것이 빠졌음을 매일 실감하며 산다. 또한 일과의 대부분을 수업이 아니라 학생들에 관한 문제로 골치를 앓으며 보낸다. 누구와도 어울리지 못하고 무시당하는 영희, 화를 참지 못해 늘 싸움을 일으키는 철수, 이 친구 저 친구 편을 가르다 왕따가 된 소연이, 흡연 때문에 선도 처분을 받아도 금연할 생각이 없는 우주. 이런 아이들의 문제로 늘 고군분투하는데, 이는 어디까

* 　한국청소년정책연구원(2022), 2022 청소년 통계.
** 　염유식(2021), 한국 아동·청소년 행복지수 조사, 연세대학교 사회발전연구소 A1-2021-0009

* 　한국청소년정책연구원(2022), 2022 청소년 통계.
** 　염유식(2021), 한국 아동·청소년 행복지수 조사, 연세대학교 사회발전연구소 A1-2021-0009

지나 교사의 개인적인 역량으로 해결해야 할 문제이며 책임일 뿐이다. 물론 상담 교사가 있고, 학생들을 위해 '학교 폭력 예방, 금연, 약물 예방, 인권' 등에 관한 이런저런 교육을 하기도 한다. 하지만 문제를 일으키는 모든 학생을 상담 교사에게 보낼 수도 없고, 각종 예방과 선도 교육은 아이들의 실제 삶과 연결되지 않은 채 겉돌 뿐이다. 무엇을 바꿔야 할까?

어쩌면 우리는 이런 문제는 학교에 항상 있게 마련이고, 입시 위주의 우리나라 교육 풍토에서는 뾰족한 해결책이 없으며, 결국은 이렇게 살아갈 수밖에 없다는 비관주의에 젖어 지내 왔는지도 모른다. 하지만 비슷한 문제를 겪고 비슷한 질문에 다른 답을 내놓은 사례가 있다. 실제로 아동과 청소년의 문제 행동을 줄이고, 삶을 성공적으로 살아갈 수 있는 역량을 향상시킨다는 것을 증명한 방법이다. 또한 교육 선진국의 수많은 학교가 활용하고 있으며, 미국과 싱가포르, 호주에서는 국가 교육 정책과 법안에까지 포함된 방법이다. 그것은 바로 '사회정서학습'이다. 도대체 사회정서학습이란 무엇일까?

미국 사회정서학습 협회 카셀CASEL은 홈페이지에서 사회정서학습을 다음과 같이 소개한다.

사회정서학습 Social and Emotional Learning은 어린이와 성인이 건강한 정체성을 형성하며, 감정을 관리하고 자신과 집단의 목표를 성취하며, 타인에 대한 공감을 느끼고 보여 주며, 타인과 도움을 주고받는 관계를 형성하고 유지하며, 책임 있고 배려적인 결정을 내리는 데 필요한 지식, 태도, 기술을 습득하고 적용하는 과정이다.

사회정서학습을 처음 접하는 사람은 이렇게 길고, 명료하지 않은 정의에 혼란을 느낄지도 모른다. 하지만 사회정서학습이 무엇인지 이해하고 나면 이렇게 정의할 수밖에 없음을 알게 된다. 이해를 돕기 위해 정의를 간단하게 줄이면 다음과 같다.

사회정서학습은 사회정서적 역량을 기르는 과정이다.

이렇게 줄일 수 있는 것은 '건강한 정체성을 형성하며, 감정을 관리하고 자신과 집단의 목표를 성취하며, 타인에 대한 공감을 느끼고 보여 주며, 타인과 도움을 주고받는 관계를 형성하고 유지하며, 책임 있고 배려적인 결정을 내릴 수 있는' 능력이 바로 사회정서적 역량이기 때문이다. 그런데 이렇게 줄여도 여전히 사회정서학습이 무엇인지 잘 와 닿지 않는다. 왜냐하면 나열된 역량들이 어떤 기준으로 선정된 것인지 명확하지 않은 데다 인간의 사회적이고 정서적인 측면, 즉 인간관계와 감정적인 측면에 초점을 두는 교수 학습 방법이 사회정서학습일 것 같은데 '학습'이 아니라 '과정'이라고 정의했기 때문이다. 그렇다면 '사회정서적 역량'은 무엇이며 어떤 기준으로 선정되었는가? 또한 '과정'은 무엇을 의미할까?

먼저 사회정서적 역량은 바로 **삶을 성공적으로 살아갈 수 있는 역량**을 의미한다. 성공successful이라고 하면 우리 사회에서는 특히 부자가 되거나 입신양명하는 것을 의미하는 경우가 많아 오해의 소지가 있지만, 성공 말고는 달리 번역할 만한 단어를 찾기가 힘들다. 여기서 성공은 **삶의 발달적·사회적·개인적 과업과 도전에** 말 그대로 **성공적으로 대처하는 것**을 의미한다. 이는 행복하게 사는 것 또는 웰빙wellbeing과 비슷하지만, 행복은 주관적으로 느끼는 행복감으로 해석될 수 있고, 잘 사는 것을 의미하는 웰빙보다는 더 적극적인 것이기에 다른 점이 있다.

이렇게 성공적으로 삶을 살 수 있는 역량은 '**자기 인식, 자기 관리, 사회적 인식, 관계 기술, 책임 있는 의사 결정**'의 다섯 가지로 구성되는데, 이 다섯 역량을 향상시키는 과정이 사회정서학습이다. 이 다섯 가지 사회정서적 역량은 경험적 증거에 기반을 두고 선정되었다. 즉 아동이 한평생을 성공적으로 살아가는 데 효과가 있다고 보고한 학교 개입 사례들을 분석한 뒤, 이 사례들이 공통으로 가르친 역량이 무엇인지를 추출한 것이다. 사회정서학습 개념을 처음 만든 연구자들은 이러한 성공적인 삶의 기술과 역량들을 자기-타인, 인식-관리 측면으로 분류했고, 이 밖의 역량들은 책임 있는 의사 결정과 관련이 있음을 발견했다. 이에 따라 자기-인식, 자기-관리, 타인-인식, 타인-관리의 네 역량과 책임 있는 의사 결정 역량이 추출되었다. 그리고 아동을 변화시키는 데 사회적인 관계와 정서적인 부분이 중요한 역할을 한다는 사실을 발견했기

때문에 이를 부각하고자 사회정서학습이라고 이름 붙였다.

사회정서학습이 '학습'이 아닌 **'과정'**인 이유도 이와 비슷하다. 아이들이 성공적인 삶을 사는 데 효과가 있었던 학교 개입 사례를 조사한 연구자들은 그 사례들이 지닌 공통적인 특징이 수업이나 상담, 특별한 지도법 같은 어떤 단일하고 특별한 방법에 있는 것이 아니라, 아이들을 둘러싼 환경과 학교 전반을 아우르는 체계적이고 통합적인 체계에 있다는 것을 발견했다.

이를테면 아동이 감정 조절이라는 성공적인 삶의 기술을 획득하도록 돕기 위해서는 교육과정과 방과 후 활동, 생활지도, 학교 풍토, 가정, 지역 사회 전반을 통합적이고 체계적으로 조정해야 한다. 이러한 조정을 통해 아동이 삶의 기술을 습득하고 적용하는 과정이 바로 사회정서학습인 것이다. 그럼에도 아직 사회정서학습이 무엇인지 명확하게 파악되지 않는다. 왜 성공적인 삶의 방법들을 '기술'이라고 부르는가? 사회정서적 역량을 기르는 '과정'은 구체적으로 어떤 것인가?

사회정서학습을 구체적으로 이해하기 위해서는 **다섯 가지 사회정서적 역량** Social and Emotional Competence을 먼저 살펴볼 필요가 있다. 이 다섯 역량을 가르치기 위한 체계와 과정이 바로 사회정서학습이기 때문이다.

하나씩 살펴보면 먼저 **'자기 인식 역량'**은 자신의 감정, 생각, 가치를 이해하고, 그것들이 행동에 미치는 영향을 이해하는 능력이다. 이 능력은 자신의 강점과 한계를 인식하고, 자신감과 목적 의식을 갖는 것을 포함한다. 다음으로 **'자기 관리 역량'**은 다양한 상황에서 자신의 감정, 생각, 행동을 효과적으로 조절하고, 목표와 꿈을 성취하는 능력이다. 만족 지연 능력, 스트레스 관리 능력, 동기 부여 능력, 개인적 그리고 집단적 목표를 성취하기 위해 주도성을 지니는 능력을 포함한다. **'사회적 인식 역량'**은 다양한 배경과 문화를 가진 타인과 공감하고 타인의 관점을 취할 수 있는 능력으로, 타인에 대해 연민을 느끼고, 다른 집단의 사회적·역사적 규범을 폭넓게 이해하는 능력, 가정·학교·공동체의 자원과 지원을 인식하는 능력이다. **'관계 기술 역량'**은 다양한 개인 또는 집단과 건강하고 지지적인 관계를 만들고 유지하는 능력이다. 또한 분명하게 의사소통하기, 경청하기, 협동하기, 부적절한 사회적 압력에 저항하기, 갈등을 건설적으로 조율하기, 필요할 때 도움을 구하고 제공하기를 포함한다. 마지막으로 **'책임 있는 의사 결정 역량'**은 다양한 상황에서 개인적 행동을 취하고 사회적인 상호 작용을 할 때, 타인을 배려하고 건설적인 선택을 하는 능력이다. 이러한 능력은 윤리적 기준과 안전을 고려하고 개인·사회·공동체의 복지를 위한 다양한 대안의 이점과 결과를 평가하는 것을 포함한다. 다음 표는 각 역량이 포함하고 있는 대표적인 사회정서적 기술들을 간략하게 정리해서 나타낸 것이다.

사회정서적 역량	대표적인 하위 기술	
자기 인식	• 개인적/사회적 정체성 통합하기 • 자신이 지닌 개인적·문화적·언어적 특징 이해하기 • 감정 인식하기 • 정직하기와 성실하기	• 감정, 가치, 생각을 연결하기 • 편견과 편향성 인지하기 • 자기효능감 갖기 • 성장마인드셋 갖기 • 삶의 목적에 대한 관심와 목적의식 갖기
자기 관리	• 감정 관리하기 • 스트레스 관리 전략을 알고 사용하기 • 스스로 성장하고 동기 부여하기 • 개인적으로/다른 사람과 함께 목표 세우기	• 계획과 조직에 필요한 기술 사용하기 • 용기를 갖고 솔선수범하기 • 개인적으로/다른 사람들과 함께 주도성 발휘하기
사회적 인식	• 타인의 관점 취하기 • 타인의 장점을 인식하기 • 공감하기 연민 갖기 • 타인의 감정에 관심 갖기	• 타인을 이해하고 감사하기 • 부정의를 인식하고 사회적 규범 알기 • 상황에 따른 요구와 기회 파악하기 • 조직 및 제도가 행동에 미치는 영향 이해하기
관계 기술	• 효과적으로 의사소통하기 • 긍정적인 관계 발전시키기 • 문화적 역량 발휘하기 • 협력하여 문제 해결하기 • 건설적으로 갈등 해결하기	• 부정적인 사회적 압력에 저항하기 • 리더십 발휘하기 • 도움 주고받기 • 타인의 권리 옹호하기
책임 있는 의사결정	• 호기심과 개방성 갖기 • 정보, 데이터, 사실을 분석한 후 합리적인 판단을 하는 방법 배우기 • 개인적/사회적 문제의 해결 방안 파악하기 • 행동의 결과를 예측하고 평가하기	• 비판적 사고 기술의 필요성 인식하기 • 개인·가족·공동체의 복지를 위한 자신의 역할 성찰하기 • 개인·대인 관계·공동체·제도가 미치는 영향 평가하기

아이 스스로 감정을 인식하고 그 감정을 올바르게 표현하는 법을 통해 문제를 해결하도록 가르치는 '감정 코칭'이나 비난과 응징보다는 관계를 회복해서 갈등을 조정하고 해결하는 '회복적 생활 교육' 등 정서에 관심을 둔 접근들도 있긴 하지만, 이런 여러 접근과 사회정서학습이 다른 점은 다섯 가지 모두를 효과적으로 습득할 수 있도록 사회정서적 역량을 **포괄적으로** 다룬다는 것이다. 각각의 역량은 서로 긴밀히 연관되어 있어 어느 한 역량만을 가르쳐서는 다른 역량을 성취하기 어렵다. 즉 사회정서학습은 살아가는 데 필요한 중요한 역량 모두를 체계적으로 가르쳐서 실제로 아이들이 자신의 삶을 성공적으로 살아갈 수 있도록 하는 데 목표를 둔다.

자신의 감정을 조절하고, 다른 사람과 공감하고, 원만한 관계를 유지하고, 갈등을 지혜롭게 해결하고, 자신의 행동을 책임 있게 결정하는 삶의 기술은 우리가 살아가는 데 필요한 매우 중요한 것들인데, 그동안 인지 중심의 교육 풍토에서는 소홀하게 다루어져 왔다. 인지 중심의 교육 패러다임에서 중요한 것은 지식과 동기였다. 다시 말해 성공적으로 살기 위한 방법에 관한 지식을 안 후, 선하거나 열정적인 동기를 가지고 그 지식을 실천하면 되는 것이다. 하지만 우리는 지식과 동기만으로는 실천하기가 어렵다는 사실을 경험으로 안다. 가령 다른 사람과 원만하게 지내기 위해서는 경청을 해야 하고, 경청하려면 대화 상대에 집중해야 한다는 것을 알지만, 안다는 사실과 의지만으로 경청을 실천하기는 어렵다. 실제로 경청이 어떤 사람의 삶의 습관이 되기 위해서는 일상생활에서 경청해야 하는 순간에 경청을 해 보는 훈련이 필요하다. 그래서 경청하기는 방법이 아니라 기술인 것이다. 즉 **훈련을 통해 관찰하고 다듬어 내 것으로 만드는 것**이기 때문에 **기술**이라고 할 수 있다. 이런 기술을 자연스럽게 가르치기 위해 학교는 기술을 훈련할 수 있는 장이 되어야 한다. 그러므로 사회정서학습은 삶의 기술을 학생들이 훈련할 수 있도록 학교 전반의 교육 활동을 조정하려는 것이다.

다음 그림은 CASEL이 제시하는 사회정서학습 개념 체계이다.*

그림을 보면 다섯 가지 역량을 가르치기 위해 필요한 것으로 '학급과 학교'뿐만 아니라 가족과 공동체까지 제시하는 걸 볼 수 있다. 만일 어떤 교사가 자신의 수업 시간에 분노 조절 방법을 몇 번 가르친다고 그것만으로 사회정서학습이라고 말하기는 어렵다. 학생이 사회정서적 기술을 자기 것으로 만들기 위해서는 삶의 공간 전체를 학습의 장이 되도록 조정해야 하며, 이를 위해서는 조정 절차와 지원, 평가 계획을 체계적으로 마련해야 한다. 이런 통합적인 과정을 사회정서학습이라고 부를 수 있다.

- CASEL은 교육 당국 및 학교와의 소통을 바탕으로 사회정서학습 개념 체계를 지속적으로 개정하고 있다. 위 개념체계는 2020년에 개정된 것이다.

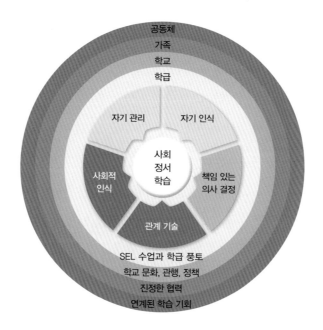

공동체
가족
학교
학급

자기 관리   자기 인식

사회
정서
학습

사회적   책임 있는
인식   의사 결정

관계 기술

SEL 수업과 학급 풍토
학교 문화, 관행, 정책
진정한 협력
연계된 학습 기회

사회정서학습의 탄생 배경과 역사

● ● ●

사회정서학습을 좀 더 이해하기 위해서는 탄생 배경과 역사를 살펴볼 필요가
있다. 사회정서학습 연구자들은 일반적으로 사회정서학습의 시초를 **제임스
코머**James Comer 박사의 실험학교에서 찾는다. 예일대학교의 아동정신과
의사였던 코머 박사는 1968년 지역에서 소득과 학업 성취가 가장 낮았던 두
학교를 대상으로 SDP(School Development Program)라고 불린 **학교 발달 프**

로그램을 만들어 적용했다. SDP는 어떤 새로운 프로그램이 아니라 체계적인 운영 시스템이었다. 즉 아이들이 잘 성장할 때 잘 배울 수 있다는 믿음을 바탕으로, 기존의 교육 과정과 활동을 관리 조정할 수 있는 운영 체계를 만들어 아이들의 사회적·정서적 발달을 지원했던 것이다. 그 결과 두 학교는 지역에서 가장 높은 출석률을 기록했으며, 학업성취도가 상승하고 아이들의 문제 행동도 크게 감소했다. 이 프로젝트에서 사회정서학습의 시초를 찾는 이유는 학교 전반의 노력들을 조정해 아동의 정서적·사회적 발달을 꾀함으로써 학업과 문제 행동을 개선하는 데 성과를 낸 첫 개입 사례로 보기 때문이다. SDP는 이후 다른 지역의 1000여 개 학교로 확대되었고, 종단 연구를 통해 그 효과가 아이들이 성인이 된 뒤에도 지속되었음을 확인했다.

그런데 당시 SDP 프로젝트에 참여했던 예일대학교 심리학과의 젊은 연구진은 행동 문제에 초점을 맞춘 처방보다는 문제 행동이 생겨나려고 할 때 아이들이 자신을 보호할 수 있도록 도와주는 **예방 프로그램이 더 효과적**이라는 점을 분명하게 인식한다. 그리고 이러한 예방 프로그램을 모든 학교에 적용할 수 있는 개념적 틀을 발전시키고자 했다. 이들은 우선 그간 있어 왔던 성공적인 학교 개입 프로그램들을 평가해 핵심적인 사회적·정서적 역량 목록을 만들었다. 그 뒤 1994년 교육자를 비롯해 예방의학 연구자와 아동 권익을 위해 일하는 사람들이 모여 '사회정서학습'이라는 용어를 만든다. 그러고는 '예일 아동연구센터'에 사회정서학습 실행과 평가에 대해 자문하고 연구하는 기관을 설립했다. 바로 이것이 **학업 및 사회정서학습 협회**인 카셀CASEL*(Collaborative for Academic, Social, and Emotional Learning)이다. 카셀은 이후 사회정서학습이 발전하고 확산되는 데 핵심적인 역할을 한다.

그런데 사회정서학습을 더 널리 알린 결정적인 사건이 있다. 바로《EQ 감성지능Emotional Intelligence》이라는 책의 성공이다.《EQ 감성지능》은 인간의 능력과 교육에 대한 패러다임을 바꾼 것으로 평가받아 온 세계적인 베스트셀러다. 이 책의 저자가 바로 카셀의 창립자 중 한 명인 대니얼 골먼 Daniel Goleman이다. 사회정서학습은 대중의 지지를 얻은 골먼의 노력으로 더 많이 알려진다.

카셀의 중요한 역할 중 하나는 사회정서학습 **연구와 실행**에 관한 **정보를 축적**하고, 이를 다시 **확산하는 것**이다. 이를 통해 사회정서학습을 체계화하고, 효과성을 높이며, 실행을 지원하는 역할을 한다. 또 다른 역할은 **우수한 사회정서학습 프로그램 목록**을 제공하는 것이다. 카셀은 체계적인 평가를 통해 우수한 또는 유망한 프로그램들을 선정함으로써 질적으로 우수하고 다양한 사회정서학습 프로그램을 보급하고 확산하는 데 기여한다.

---

* 설립 당시에는 Collaborative to Advanced Social, and Emotional Learning를 의미했으나 2001년, 학업 성취 또한 사회정서학습의 주요 목표임을 분명히 하기 위해 Collaborative for Academic, Social, and Emotional Learning으로 의미를 변경함.

사회정서학습 실시 현황

미국에서는 지난 20여 년간 사회정서학습 관련 교육 정책이 증가하고, 교육 시장에는 출판사나 대학교, 교육 연구 단체에서 개발한 다양한 사회정서학습 프로그램이 출시되었다. 또한 카셀의 지속적인 노력으로 2011년에는 **'학업적·사회적·정서적 능력 함양을 위한 법(ASELA)'**을 추가할 것을 발의하여 사회정서학습에 대한 정책적 관심을 높임으로써, 이후 '모든학생성공법(ESSA)'이 통과될 때 각 주의 사회정서학습 정책 수립을 촉발하는 계기를 마련하였다. 이를 통해 미국에서는 주에 따라 다르긴 하지만 교사나 교육장은 정책의 뒷받침을 토대로 재정 지원을 받을 수 있고, 이러한 지원을 바탕으로 원하는 프로그램을 구매해 활용할 수 있다. 현재 일리노이주를 비롯한 많은 주[•]가 주정부 차원에서 사회정서학습 성취기준을 마련해 사회정서학습을 실시하고 있다.

사회정서학습은 미국뿐만 아니라 전 세계적으로 확산되는 추세다. 2009년 **유네스코UNESCO**는 사회정서학습을 진흥하기 위해 **사회정서학습 실행을 위한 10가지 기본 원칙이 담긴 권장서**를 140개국의 교육부 장관에게 발송했다. 또한 최근 경제협력개발기구OECD는 학습나침반 2030의 핵심 요소로 사회

• 2023년 기준, 초등학생에 대해서는 모든 주가, 중고등학교 학생에 대해서는 26개 주가 사회정서적 발달에 관한 성취기준을 제공하고 있다.

정서적 역량을 강조하면서, SSES(Survey on Social and Emotional skills) 프로젝트를 통해 회원국 아동의 사회정서적 역량을 평가하고 있다. 현재 사회 정서학습은 캐나다, 영국, 호주, 싱가포르, 핀란드 등 교육 선진국을 비롯한 세계 여러 나라에서 활발하게 실시되고 있다.

사회정서학습의 확산 배경 • • •

살펴본 바와 같이, 사회정서학습이 처음 등장하고 발전한 곳은 미국이다. 사회정서학습이 확산되기 시작한 1990년대 후반, 미국 학교들은 외면할 수 없는 절박한 요구에 직면한다. 그것은 학교가 학생들에게 고상한 품성을 교육하기보다는 **건강한 사회 구성원**이 되는 데 필요한 최소한의 능력만이라도 갖출 수 있도록 가르쳐 달라는 것이었다. 끊이지 않고 반복되는 학교 총기 사건과 만연한 학교 폭력은 미국인들로 하여금 **안전한 학교**에 대한 갈망을 크게 만들었다. 1997년부터 미국은 거의 해마다 학교 총기 사고를 겪는다. 물론 학생이 총기를 소지할 수 있다는 것 자체가 문제였지만, 청소년의 우려할 만한 정신 건강 수준도 문제였다. 미국 학생 다섯 명 중 한 명이 정신건강 문제를 겪었으며, 이들 중 80퍼센트는 학교로부터 어떤 조치도 받지 못했다.

우울감에 휩싸인 청소년 중 일부는 **학업 실패**와 **사회적 고립, 과민증, 대인 관계 문제**를 경험했으며, 이는 아이들을 극한 상태로 몰아 위기에 처하도록 만들었다.[*] 이에 따라 분노 조절, 원만한 대인 관계, 자기 관리 같은 능력이 미국 교육의 이슈가 되었고, 자연스럽게 사회정서학습에 대한 관심을 증폭시켰다.

사회정서학습의 확산 배경과 관련해 또 다른 주목할 점은 교육과 관련한 **학문 흐름의 변화**다. 즉 21세기로 접어들면서 인간에 대한 **생물학적 연구 성과**를 적용해 교육 처방을 내리는 것이 교육 연구와 학교 현장에서 점차 설득력을 얻고 보편화되기 시작했다. 사회정서학습을 비롯해 미국 학교에서 실시되는 많은 인성교육 프로그램을 보면 '진단', '질병', '처방', '치료', '예방' 같은 **의학 용어**들을 사용하는 것을 발견할 수 있다. 이는 단순히 문제 사안들에 대한 교육적 개입을 진단하고 처방한다고 표현하는 식의 은유가 아니다. 즉 일탈 같은 청소년 문제를 발달 경로에서 벌어질 수 있는 일로 치부해 버리는 것이 아니라, 정신에 대한 병리적 해석을 통해 문제를 진단하고 이에 대한 **처방, 치료, 예방**을 계획하고 실행하는 것이다. 실제로 현재 실시되는 많은 사회정서학습 프로그램은 질병 예방과 치료에 대한 **공중 보건학적** 접근에 영향을 받아 설계된 것들이다. 이러한 프로그램들은 우울증, 불안, 공격성, 트라우마 같은 문제를 다룸으로써 미래에 일어날 수 있는 비행이나 일탈을 예방하려고 한다.

● Merrell, K. W. · Gueldner, B. A. (2011), 신현숙 옮김,《사회정서학습》, 교육과학사, p. 26.

또한 생물학적·의학적 접근이 일반화되면서 달라진 점은 '**정서**'에 주목하는 것이다. 최근 많은 심리학자들이 '정서'에 특히 주목해, 인간 행동에서 정서의 역할을 연구하는 데 무게중심을 두고 있다. 특별히 교육 분야에서는 이성을 압도하는 감정의 격발과 그러한 **정서를 잘 통제하는 능력의 메커니즘**을 밝혀, 아동이 정서를 조절하지 못해 생기는 실수를 줄이고 긍정적인 정서를 통해 성공적인 삶을 살도록 가르치는 방법들이 주목받았다. 이렇듯 심각한 학교 폭력 문제, 의학적 접근을 활용하는 새로운 교육 풍토, 정서를 주목하는 학문의 변화 가운데 사회정서학습이 탄생한 것이다. 그렇다면 사회정서학습이라는 개념을 뒷받침하는 이론적 토대는 무엇인가?

2장

사회정서학습의
이론적 배경

운영 체계에 관한 이론   · · ·

앞 장에서 살펴보았듯이 사회정서학습은 아동이나 성인이 성공적인 삶을 살
아가는 데 필요한 역량을 습득하고 적용할 수 있도록 이에 영향을 주는 요인을
체계적으로 조정하는 데 중점을 둔다는 특징이 있다. 따라서 사회정서학습을
뒷받침하는 이론은 크게 두 가지로 나눌 수 있다. 하나는 아동과 성인의 사회
정서적 발달에 영향을 주는 요인을 체계화하는 것과 관련되며, 다른 하나는 사
회정서역량과 기술을 효과적으로 가르칠 수 있는 교수 · 학습 방법과 관련된다.

생태학적 체계 이론ecological system theory (brofenbrenner & Morris,
1998 ; Tseng & Seidman, 2007)은 사회정서학습 프로그램을 체계적으로 설

계하는 데 핵심적인 역할을 하는 이론으로, 아동이 맺고 있는 관계의 중요성을 체계적으로 보여 준다. 브론펜브레너Bronfenbrenner는《인간 발달 생태학The Ecology of Human Development》에서 '생태'란 개인이 경험하는 직접·간접으로 연결되어 있는 환경적 상황을 의미하며, 발달은 환경의 속성을 발견하고 유지하거나 변화시키기 위해 성장하는 개인의 능력이라고 보았다.

생태학적 체계 이론의 관점에 따르면 아동에게 영향을 미치는 가정, 학교, 이웃 등 체계들은 매우 역동적이며, 다른 체계의 영향을 고려하지 않고는 완전히 이해될 수 없다. 브론펜브레너에 따르면 아동은 특히 많은 환경의 미시 체

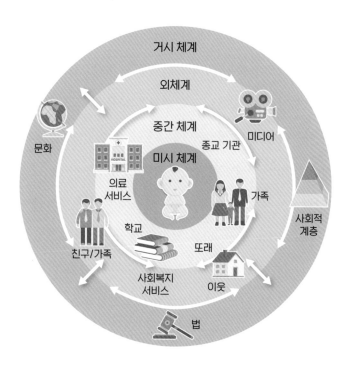

계 맥락 안에서 살아가는 존재다. 그중에서도 학교는 학생의 발달을 모양 짓는 중요한 체계다. 학교는 '지지적인 성인과 또래'가 존재하는 공간이며, '사회정서적 기술 훈련'과 '안전하고 일상적인 삶'의 기회를 제공한다.

또한 생태학적 체계 이론은 한 세팅에서의 아동 경험이 다른 세팅에 주는 영향이 중요함을 설명한다. 예를 들어 가정의 경험이 학교에 주는 영향이 중요하다. 가족의 낮은 사회경제적 지위, 단절된 이웃 관계, 경제적으로 우울한 지역 분위기 등과 같은 다른 환경 변수들이 아동의 발달을 좌절시킬 수 있다. 그러므로 아동 발달 문제를 학교 체계로만 해결하려는 것은 타당하지 못하다. 아동 발달 문제는 가정을 비롯한 이웃, 공동체, 미디어 등 다른 사회 환경의 맥락과 영향을 고려해서 개입할 때 가장 효과적으로 다룰 수 있다.

사회정서학습은 이와 같은 생태학적 관점을 바탕으로 아동의 문제 행동을 교정하기보다는 아동 스스로 문제 **환경을 다룰 수 있도록 능력을 개발**하고 이를 **지원하는 환경을 조성**하는 데 초점을 맞춘다. 가족 체계와 학교 풍토는 아동에게 도움을 줄 수 있는 가장 가까운 사회적 자원이다. 사회정서학습은 교실 안팎에서 벌어지는 긍정적인 활동과 다양한 **부모 참여 프로그램** SFP(School-Family Partnership)을 적극 활용함으로써 최선의 결괴를 낳고자 한다. 이처럼 생태학적 체계 이론은 교사, 학부모, 학교 관리자, 교육 정책가의 역할과 관계의 중요성을 부각함으로써 사회정서학습이 효과를 거두게끔 뒷받침한다.

교육 내용 및 방법에 관한 이론

사회정서학습은 어떤 특정한 이론에 근거한 내용보다는 사회정서적 발달을 위해 여러 효과적인 노력을 **통합**해서 적용하는 것을 지지한다. 이런 이유로 많은 사회정서학습 프로그램들은 프로그램 개발자의 연구 경험을 토대로 사회정서적 역량을 발달시키기 위한 노력들을 다각적으로 검토하여 내용과 방법을 설정한다. 다음은 사회정서학습의 내용 및 방법에 영향을 준 대표적인 이론들을 정리한 것이다.

이 가운데 차별적 정서이론, 사회인지이론, 사회학습이론, 사회적 정보 처리 모델의 역할을 구체적으로 살펴보면 다음과 같다.

〈사회정서학습을 뒷받침하는 대표적인 이론들〉[*]

분야	대표적인 이론	역할
동기 이론	• 자기결정이론Self−Determination Theory(Deci&Ryan, 2021) • 지능에 관한 암묵이론Implicit theories of intelligence(Leggett, 1985)	• 학생들이 존중, 격려, 지원, 배려 받는다고 느끼는 풍토 조성 • 자존감, 성장 마인드셋 형성의 중요성 강조
아동발달 이론	• 차별적 정서이론discrete emotion theory(Izard, 1991) • 핵심정서에 관한 순환모델circumplex model of core affect(Russell, 1980) • 정서에 대한 기능주의 접근funcionalist approaches to emotions(Campos, Mumme, Kermoian, & Compos, 1994, Sroufe, 1996) • 정신분석학적 발달이론(Kusche&Greenberg, 1994)	• 아동의 인지적·사회정서적 발달 수준에 적절한 활동을 개발하는 데 필요한 이론 제공 • 특히, 정서발달 관련 이론은 정서와 관련된 기술 내용을 구성 ☞ 정서에 이름 붙이기, 정서 표현하기, 정서 조절하기, 정서와 행동 구분하기 내용

분야	대표적인 이론	역할
정보처리 이론	• 정보처리이론information processing(MaGuire, 1972) • 사회적 정보 처리 모델social information processing model(Crick & Dodge, 1994) • 정교화 가능성 모델elaboration likelihood model(Petty, Barden, & Wheeler, 2009 ; Petty & Cacioppo, 1986)	• 메타인지적인 문제의 해결 방법 제시 • 시연하기, 의미 있는 방식으로 범주화하기, 시각적 이미지와 연관시키기를 통해 새로운 정보를 두드러지게 하는 것 강조 ☞ 그림, 이야기, 상징, 신호, 비유, 두음어, 슬로건의 활용 • 타인의 행동에 대한 잘못된 신념의 형성 과정 설명 및 수정 안내
행동변화 이론	• 사회적 발달이론social development model(Catalano & Hawkins, 1996)	• 친사회적 행동에 영향을 주는 환경의 중요성 강조 • 학교, 또래, 가정과 관련한 참여, 기술, 강화를 배울 수 있는 기회 구체화 • 사회적 유대감의 중요성 강조
	• 사회인지이론social cognitive theory(Bandura,1986)	• 개인의 행동은 환경에 대한 개인의 신념에 의해 결정된다고 상정하고 관찰학습과 자기효능감 강조
	• 계획된 행동이론theory of Planned behavior(Ajzen, 1988; Conner & Sparks, 2005) • 이유 있는 행동이론theory of reasoned actions(Fishbein & Ajzen, 2010)	• 자기효용감을 향상시키고, 잘못된 신념을 수정하는 데 유용 ☞ 다른 사람의 행동에 대한 오개념을 수정하는 전략 • 타인의 관점에서 생각하는 것의 가치에 대한 토의나 역할놀이
학습 이론	• 사회학습이론Social learning theory(Bandura, Adams, & Beyer, 1977)	• 교사의 롤모델링, 언어적 지시, 피드백과 지원, 학생의 자기 조절의 중요성 강조 ☞ 교직원 연수, 부모교육 강조
	• 성인 학습이론	• 구체적인 훈련 및 지도 요소 안내 ☞ 오리엔테이션, 워크숍, 연수, 온라인 자문 서비스, 추후 워크숍, 구조화된 회의, 팀 구성을 안내
명상 이론	• 마음챙김 이론(Kabat-Zinn, 1991)	• 정서 조절, 회복탄력성 강화를 위한 수업 내용 안내

• 〈사회정서학습을 뒷받침하는 대표적인 이론들〉 참고문헌 - 280쪽 참조

우선, 차별적 정서이론Differential Emotions Theory은 인간에게는 즐거움, 슬픔, 두려움 등 몇 가지 **핵심적인 감정**이 생물학적으로 결정되어 있으며, 모든 사람이 근본적으로 같다고 전제한다. 그리고 정서적 경험을 신경생물학적 각성, 인지적 추론, 언어적 표식 과정의 역동적인 상호 작용과 연관시킨다. 이러한 이론 틀에서, 아동의 사회정서적 역량은 내적·외적 신호에 대해 정서를 인식하고 구별하는 능력과 자신의 정서에 대해 이야기할 수 있는 능력이 향상될 때 발달한다. 예를 들어 슬픔의 정서는 그것을 해소하기 위해 슬픔에 대한 지각, 이해와 추론, 타인과의 공감, 언어적 표현, 친사회적 행위 요청, 행위를 위한 동기적 정서 활용, 친사회적 기술을 필요로 한다. 이 과정에서 아동은 정서 시스템과 인지·행동 시스템을 연결한다. 여기서 중요한 점은 정서가

인지와 행위를 이끈다는 것이다.

차별적 정서이론에 기초할 때, 사회정서학습에 꼭 필요한 요소는 **'정서적 지식, 정서 조절, 사회적 기술'** 세 가지다. 따라서 차별적 정서이론에 근거한 많은 사회정서학습 프로그램들은 정서를 확인하고 이름 붙이는 활동, 즉 **정서 문해력**emotional literacy 습득을 중요하게 여긴다. 또한 정서와 언어적·인지적 시스템의 연결을 강화함으로써 정서 조절을 잘할 수 있도록 돕고, 적절한 정서 활용을 반영해야 하는 '나누기, 도와주기, 편안하게 하기, 협동, 권리 주장, 사회 문제 해결' 등 다양한 형태의 친사회적 행위를 포함하는 사회적 기술들을 아동이 익힐 수 있도록 계획한다.

차별적 정서이론에 따르면 아동의 사회정서적 발달을 위해 성인이 개입하는 일은 생애 초기로 갈수록 더 중요하다. 이와 관련한 연구들은 아동 초기에 나타나는 구체적인 정서 기술과 행동이 이후 사회적 역량 발달과 적응을 예측함을 보여 준다. 그러므로 중·고등학생보다는 초등학생이나 미취학 아동을 대상으로 한 사회정서학습 프로그램들이 상대적으로 **정서적 지식과 조절**에 초점을 둔 내용에 많은 부분을 할애하는 편이다.

이와 같이 정서에 초점을 둔 사회정서학습은 정서적 노출과 반응, 정서 조절 놀이를 통해 사회정서적 기술을 훈련한다. 예를 들어 패스PATHS 프로그램의 **거북이처럼 하기 기술**Turtle Technique은 아동에게 충동적인 감정을 조절하고, 스스로에게 적절한 행위 반응을 하도록 지시하기 위한 방법이다. 화

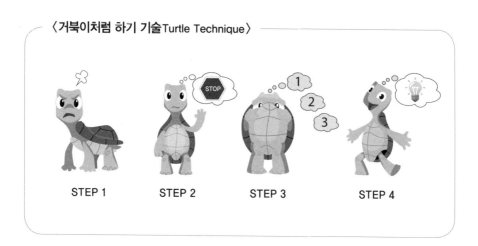

〈거북이처럼 하기 기술Turtle Technique〉

STEP 1   STEP 2   STEP 3   STEP 4

가 나는 상황이 생겼을 때 상황을 인지하고, 행동을 멈추고 스스로 거북이라고 생각하며 등껍질 속으로 들어가는 상상을 하고 휴식을 취한 다음, 진정되었을 때 해결 방안을 찾도록 한다. 이 방법은 부정적인 정서를 느꼈을 때 그 정서를 인지하고, 의도적으로 언어를 어떻게 사용하는지 알려 준다. 이를 통해 인지적 통제 구조와 정서적 자극 시스템의 연결을 강하게 만듦으로써 정서 통제 능력을 향상시키려고 한다.

또한 차별적 정서이론의 관점에서 교사와 학생, 부모와 자녀, 또래 관계의 질이 중요한데, 이는 타인과의 관계에서 이루어지는 의사소통이 긍정적인 정서를 표현하고 정서적으로 공감할 수 있도록 만들기 때문이다. 따라서 사회정서학습 프로그램의 정서적 기술 훈련은 **긍정적인 관계 형성**을 중요하게 다루며, 그러한 관계를 맺고 유지하기 위한 사회적 기술 훈련으로 이어진다.

사회정서학습을 가르치는 데 중요한 또 다른 이론은 **사회인지이론**이다. 많은 사회정서학습 프로그램들은 사회정서적 기술을 학습하기 위해 사회학습이론, 사회적 정보 처리 모델 같은 사회인지이론의 학습 원리를 적용한다. 이들 이론은 **인간의 학습이 사회적 환경에서 이루어짐을 강조**하며 '아동의 행동과 인지적 과정, 사회적 환경'의 상호 작용에 초점을 둔다. 사회인지이론을 처음으로 제안한 앨버트 반두라Albert Bandura에 따르면, 사회인지이론은 **자기 조절 능력**을 매우 강조한다. 자기 조절 과정은 목표 수립, 예상되는 행동의 결과 판단하기, 자기 규제적 사고, 감정과 행동에 대한 과정 평가를 포함한다. 학생은 이러한 과정을 통해 스스로의 생각과 행동을 조절함으로써 자신의 삶에서 중요한 결정들을 관리할 수 있다.

자신의 정서를 근본적으로 조절하기 위해서는 주의력 집중과 전이, 생각과 행동을 억제하는 능력, 스트레스를 완화하기 위한 계획이나 그 계획을 적극적으로 선택하는 과정 같은 인지적 노력이 필요하다. 학생이 자신의 정서를 편안하게 조절하고 사회적인 상호 작용을 성공적으로 이루기 위해서는 적응 전략을 세우고 대안을 선택할 수 있도록 사회적 인지 훈련을 해야 한다. 여기서 사회적 인지 학습 원리들은 사회정서적 역량을 가르치는 방법과 관련해 훌륭한 설명과 대안을 제시한다.

사회학습이론과 사회적 정보 처리 모델이 각각 어떻게 사회정서학습의 기술 훈련을 돕는지 좀 더 구체적으로 살펴보자. 먼저 **사회학습이론**은 사람의 행동은 다른 사람의 행동이나 주어진 상황을 관찰하고 모방함으로써 이루어진다는 이론이다. 사회학습이론에 따른 사회정서학습 프로그램들은 사회정서적 기술을 가르칠 때 다음과 같은 단계를 밟는다.

1단계: 모델링/설명/토론을 통한 목표 기술 개념 지도

2단계: 행동 시연/또래와의 훈련

3단계: 수행에 대한 피드백

4단계: 일반화를 위한 신호와 강화

1단계는 아동이 자신의 삶을 통제하기 위한 목표와 목표를 이루기 위해 필요한 사회정서적 기술을 지도하는 단계다. 교사는 모델링이나 시연, 직접적인 설명, 교실 토론을 통해 학생이 행동 변화 목표와 사회정서적 기술을 명확하게 인지할 수 있도록 지도한다. 이를 위해 사회정서적 기술의 필요성이나 방법에 관한 이야기가 담긴 유인물이나 책, 동영상 자료 등을 활용할 수 있다. 2단계는 1단계에 제시된 목표를 이루기 위해 필요한 사회정서적 기술을 실제로 훈련해 보는 단계다. 교사는 학생들이 또래와 추진하는 모둠 활동이나 시연을 통해 사회정서적 기술을 연습해 볼 수 있도록 기회를 제공해야 한다. 3단계는 개선을 위한 피드백을 해 주는 것이고, 마지막 단계는 자연스러운 사회적 맥락에서 아동이 배운 기술을 사용할 수 있도록 신호와 강화를 제공하는 것이다. 일반적으

로 사회정서학습 프로그램들은 포스터나 체크리스트와 스티커 등을 포함함으로써 훈련된 사회정서적 기술이 일상생활에서 계속 인지되고 활용될 수 있도록 유도한다.

한편 많은 사회정서학습 프로그램들은 아동의 사회적 정보 처리 과정이 사회에 적응적인 방식으로 이루어질 수 있도록 돕기 위한 대안 훈련을 포함한다. **사회적 정보 처리 모델**은 사회의 자극과 갈등 상황에서 사회적 인식(사회적 신호의 부호화, 해석), 사회적 목표, 사회적 문제 해결(대안 해결책 찾기, 결과 예상하기, 해결책 선택하기)을 연결하는 은밀한 사고 과정에 초점을 맞춘다. 아동의 문제 행동에 대한 사회적 정보 처리 모델의 핵심 가정은 사회 정보에 대한 잘못된 인식(결함, 지연, 파괴)이 부적절하고 편향된 사회적 해석과 대응을 낳고, 아동으로 하여금 위험한 선택을 하도록 이끈다는 것이다.

아동의 공격성은 이와 같은 잘못된 사회적 정보 인지와 처리 과정 때문에 생긴 문제 행동의 대표적인 예다. 공격적인 아동의 공통된 사고방식은 '상대에 대한 적대적 해석'이다. 이들은 위협을 느끼면 우연히 일어난 일들도 적대적으로 특별하게 해석하는 경향이 있으며, 또래의 의도가 불명확한 상황, 손상이 우발적인 상황, 또래가 도움이 되는 상황에서도 존재하지 않는 적대적인 의도를 보고, 공격적 보복을 일으키는 이유 없는 습격을 많이 한다. 또한 적절한 개입이 이루어지지 않은 아동의 공격성은 청소년기 비행으로 이어지며, 사회적 정보를 잘못 해석하는 데 따른 인간관계의 결함과 우울증은 악순환적으로 문제를 가속화한다.* 따라서 사회적 정보 처리 모델에 근거한 사회정서학습 프로그램은 사회에 대해 아동이 갖는 적대적 해석을 수정하고 공격적 행동을 했을 때 예상되는 시나리오를 인지한 다음 대안을 선택할 수 있도록 아동을 훈련시킴으로써 문제를 해결하려고 한다.

이러한 방식은 공격성, 우울증과 불안감 같은 정서적인 문제뿐만 아니라 또래 압력이나 갈등 같은 교우 관계에서 생기는 문제를 해결하고 스트레스를 관리하는 데도 적용될 수 있다. 대표적으로 '**나는 해결할 수 있어**I Can Problem Solve' 같은 사회정서학습 프로그램은 사회 문제 시나리오에 대해 해석 평가하고, 다양한 해결책을 고려하게 함으로써 아동이 사회 문제를 해결하는 기술을 키우도록 돕는다.

지금까지 사회정서학습이 무엇이고 어떻게 탄생했는지, 그것을 뒷받침하는 이론의 토대는 무엇인지 살펴보았다. 살펴본 바와 같이 사회정서학습은 미국의 시대적·학문적 요구와 변화를 배경으로 만들어졌다. 그렇다면 미국과 환경이 다른 우리나라에도 사회정서학습이 필요할까? 왜 우리가 사회정서학습에 관심을 가져야 할까?

---

* Berk, L. E., 이종숙·이옥·신은수·안선희·이경옥 옮김(2008), 《아동발달》, 시그마프레스, p. 452.

사회정서학습과 비슷한 접근들

이 책의 독자 가운데는 "내가 아는 유사한 교육 접근과 사회정서학습이 무엇이 다르지?"라고 궁금해 할 수 있을 것 같다. 특히 아동과 청소년의 행동을 변화시키려는 최근의 교육 접근들은 대부분 사회정서적 역량의 발달과 회복탄력성 향상을 중요하게 다루기 때문에, 이러한 접근들 간의 차이점이 무엇인지 의문이 들 수 있다.

우리나라의 경우에는 정부기관이 인성교육이나 학교 폭력예방교육 정책을 주도하지만, 미국에서는 교육 및 연구 기관들이 제안한 접근 가운데 몇몇을 주정부나 학군, 학교에서 선택하는 방식을 취하기 때문에 유사한 접근들이 생겨날 수밖에 없다. 이러한 유사한 접근들은 사회정서학습을 이론적으로 설명하거나 실행 아이디어를 제공하는 등 보완하는 역할을 하며, 사회정서학습과 결합하여 효과 면에서 시너지를 내기도 한다. 하지만 각 접근들과 사회정서학습의 유사성이 주는 혼동을 해소하기 위해, 최근 카셀은 홈페이지를 통해 유사성과 차이점, 상호보완성에 관한 설명을 제공하고 있다. 다음은 이러한 설명을 바탕으로 정리한 것이다.

회복적 생활 교육

회복적 생활 교육Restorative Practices은 개인 간의 관계와 공동체 내의 사회적 연결을 강화하는 방법을 연구하는 사회 과학으로, 학생과 교사 모두에게 '결정을 내릴 기회', '존중하며 상호 작용할 수 있는 기회'를 줌으로써 신뢰가 있는 환경을 조성하려는 접근이다.*

회복적 생활 교육과 사회정서학습은 '긍정적인 학교 풍토 및 관계, 전체 학교 접근 방식, 사회정서적 역량과 관련한 태도, 지식, 기술의 습득, 학생의 성공적인 삶, 공동체 구성원으로서의 책임감과 배려심 함양, 학생의 주도성, 교육의 형평성'을 강조한다는 점에서 공통점을 지닌다. 하지만 사회정서학습은 사회정서적 역량의 전반적인 발달에 목표를 두는 반면, 회복적 생활교육은 '갈등 해결, 피해 복구와 치유, 공동체의 회복'에 초점이 있다는 점에서 차이가 있다. 또한 사회정서학습은 사회정서역량 발달을 위한 광범위한 방법들을 흡수하는 시스템과 과정에 중점을 두는 반면, 회복적 생활 교육은 회복적 정의 구현을 위한 인식 전환을 강조하고, 서클 활동이 대표적으로 활용된다는 차이가 있다.

카셀은 사회정서학습과 회복적 생활 교육이 상호보완적인 관계를 지니며, 하나의 계획 안에서 통합적으로 실시되어야 한다고 안내한다. '정서적 언어, 서클**, 대화를 통한 문제 대응'과 같은 회복적 생활 교육의 주요 방법들은 사회정서역량을 연습하고, 강화하며, 향상시킬 수 있는 기회를 제공한다는 점에

---

* https://www.iirp.edu
** 서클(circle) - 회복적 생활교육의 대표적인 실천 방법으로 구성원이 원형으로 둘러앉아 효율적으로 의사소통, 관계 강화, 갈등 해결을 할 수 있는 모임을 의미한다.

서 사회정서학습을 보완할 수 있다. 예를 들어, '정서적 언어' 방법으로 '나 전달법'을 연습하는 사람은 자기 인식을, '공감적 경청'을 하는 사람은 사회적 인식과 자기조절 능력을 향상시킬 수 있다. 또한, '서클'은 신뢰 형성 및 타인 존중과 같은 관계 기술을 연습할 기회를 제공하며, 갈등 해결을 위한 '서클' 활동을 책임 있는 의사결정 기술 연습에 도움이 된다. 반대로, 사회정서학습은 회복적 생활 교육의 방법을 지속적으로 적용할 수 있는 시스템을 마련해 줌으로써 회복적 생활교육의 효과를 높이는 데 기여할 수 있다.

'다층 지원 체계'와 '긍정적 행동 중재 및 지원'

다층 지원 체계MTSS(Multi-Tiered System of Support)와 긍정적 행동 중재 및 지원PBIS(Positive Behavior Intervention and Support)은 학생을 지원하기 위한 시스템을 구성하기 위해 자주 사용되는 프레임 워크이다. 우선 공중 보건학에서 출발한 MTSS는 '1차(보편적) 예방 대상, 2차 예방 대상(관심군), 3차 예방 대상(위험군)'으로 나누어, 학생들을 지속적이고 체계적으로 지원하기 위한 틀을 제공한다. 잘 설계된 MTSS는 적어도 세 층위별로 적절한 교육적 지원을 제공하고, 지원 상황을 지속적으로 점검하며, 데이터를 근거로 지원 사항을 수정한다. 사회정서학습은 모든 학생의 사회정서적 발달을 목표로 하기 때문에, 비행이나 심리 문제가 있는 학생에게는 충분하지 않다. 하지만 비행이나 심리적 문제를 겪는 학생도 사회정서적 발달을 위한 일반적인 교육이 필요하다.

위기 상황에 있는 학생은 일반적인 사회정서기술을 배우는 동시에 적극적인 개입을 받을 필요가 있다. 이런 점에서 MTSS는 저마다 요구가 다른 학생들을 효과적으로 지원할 수 있는 체계를 제시해주기 때문에 사회정서학습 프로그램을 적용하려는 학교에서 사회정서학습과 상호보완적으로 적용힐 수 있다.

구체적인 지원 내용을 제시하지 않는 MTSS와 달리 PBIS는 긍정적 행동 향상이라는 목표를 분명히 제시한다. PBIS는 학생들의 긍정적 행동이 증가할 수 있도록 1차 예방 대상(약 80%)에게는 보편적으로 기대되는 행동을 교육한다. 이때 학교는 사회정서학습을 적용하여 보편적인 예방교육을 실시할 수 있다. 한편, 2차 예방 대상(약 15%)에게는 개별화된 교육 지원을, 3차 예방 대상(약 5%)에게는 고도로 집중적이고 개별화된 행동 지원을 제공한다. 이를 위해 교사와 함께 외부의 전문가가 협력하는 경우가 많다.

긍정적인 행동의 증가를 목표로 한다는 점에서 PBIS와 사회정서학습은 비슷하지만 동일하지는 않다. 사회정서학습과 PBIS는 모두 안전하고 지원적인 환경을 만들고, 학생들에게 새로운 기술을 가르치고, 데이터에 근거하여 결정을 내린다는 점에서 유사하지만, PBIS가 긍정적인 행동의 증가라는 목표를 강조하는 반면, 사회정서학습은 사회정서적 역량을 쌓는 과정에 방점을 둔다는 데에서 차이가 있다. 그럼에도 불구하고 두 접근은 학생들의 긍정적 행동을 증가시키는 결과를 낳기 때문에 비슷한 접근으로 인식될 수 있다. MTSS가 사회정서학습과 결합할 수 있는 반면, PBIS는 사회정서학습과 다른 연구 기반, 특히, 장애 학생과의 통합교육에 관한 연구에서 출발하였고, 구분되어 실행되고 있기 때문에, 상호 보완적 적용의 필요성과 통합적 적용을 통해 얻을 수 있는 이득이 무엇인지에 관해 논의할 필요가 있다.

사회적 역량 교육, 긍정적인 청소년 발달, 긍정 교육

사회적 역량SC(Social Competence) 교육, 긍정적인 청소년 발달PYD (Positive Youth Development), 긍정 교육은 학생의 사회정서역량을 발달시키는 교육을 강조한다는 면에서 사회정서학습과 비슷한 접근들이다. 하나씩 살펴보면, SC는 협동, 갈등 해결, 자기 통제, 공감, 나눔과 같은 사회적 기술이 학교 적응에 어떤 영향을 미치는지, 또한 이러한 기술들이 긍정적인 결과(목표 성취, 친구들 사이에서 인기)와 부정적인 결과(약물, 비행)와 어떤 관련이 있는지에 관한 연구에 바탕을 둔다. PYD는 하나의 프레임 워크로 청소년이 긍정적으로 발달할 수 있는 과정에 기초하여 청소년 발달을 개념화한다. 이에 따라 PYD는 청소년이 긍정적으로 발달할 수 있는 자산asset을 형성할 수 있는 환경을 제공하는 것을 강조한다. 긍정 심리학Positive Psychology에 바탕을 둔 긍정 교육은 긍정적인 정서, 경험, 낙관주의, 감사하는 태도를 길러줌으로써 학생이 자기 삶을 주도하고 번성flourish할 수 있도록 하는 데 목적을 둔다. 긍정 교육은 긍정적인 경험을 많이 할 때, 신체적·학업적인 면에서도 더 나은 결과를 낳는다고 본다.

삶에 대한 긍정적인 역량을 길러주는 것을 강조하는 이와 같은 접근들은 사회정서학습과 내용적인 면에서 공통된 부분들이 많다. 특히 자기 규제, 긍정적인 정체성 형성, 타인과의 연결, 사회적 유대를 중요한 내용 요소로 다룬다는 점에서도 유사하다. 그러나 PYD와 긍정 교육은 학교 기반 교육을 전제한 접근이 아니라는 점에서 사회정서학습과 차이가 있다. 또한 SC 교육은 주로 초등학교 저학년 아동을 대상으로 삼는다. 긍정적인 청소년 발달도 그 적용 대상이 청소년이라는 점에서 초등학생을 대상으로 한 프로그램 적용이 많은 사회정서학습과 다르며, 사회정서학습이 기존의 성공적인 프로그램을 바탕으로 이론이 구성된 것과 달리 SC 교육과 긍정 교육은 이론을 바탕으로 교육적 적용 방안이 설계되었다는 것도 다른 점으로 볼 수 있다.

이런 차이점에도 불구하고, SC 교육, PYD, 긍정 교육은 각각 연구 및 실행 성과가 많이 축적되어 왔으므로 사회정서학습은 효과성을 높이기 위해 그 성과를 반영할 필요가 있다. 또한 SC 교육, PYD, 긍정 교육은 사회정서학습과 통합하여 실행함으로써 보다 많은 교육 목표를 달성할 수 있다.

어떤 학교가 사회정서학습을 적용하기로 결정하는 것이 그 학교가 다른 교육적 접근을 포기해야 한다는 것을 의미하지 않는다. 오히려, 체계적인 통합을 안내하는 사회정서학습의 장점은 기존 접근의 시스템을 개선하는 기회를 제공할 수 있다. 상호보완적인 부분이 있는 여러 접근들을 별개의 계획으로 실행하다 보면 비용과 노력을 증가시키고, 중복으로 인해 교육적 효과를 감소시킬 수 있다. 그러므로 사회정서학습을 실행하려는 학교나 교사는 유사한 접근들을 하나의 계획 속에서 통합할 필요가 있다.

3장

왜 사회정서학습이
필요할까?

우리나라 교육에 사회정서학습이 필요한 이유   • • •

우리나라에서 사회정서학습이 관심을 끈 배경에는 인성교육이 법제화되면서
효과적인 **인성교육 방안**으로 사회정서학습에 대한 관심이 증대한 것과 학생
들의 **인성 회복을 위한 방법으로서 사회·정서적 측면을 주목**하는 특수한 상
황이 있다. 먼저 사회정서학습이 지닌 큰 장점의 하나는 인성교육에서 활용할
수 있는 다양하고 효과적인 프로그램들을 풍부하게 갖고 있다는 점이다. 그동
안 우리나라 학교 인성교육은 보여 주기식 행사에 그치는 경우가 많아 비판
을 받아 왔다. 하지만 사회정서학습은 교육 활동 전반에 걸쳐 체계적으로 사
회적·정서적 발달을 돕는 방법을 안내하는 모델이라는 점에서 효과적인 인

성교육 프로그램으로 활용할 만한 장점이 있다.

또한 사회정서학습에 대한 관심은 학생들의 인성 발달과 관련해 사회적·정서적 발달에 주목하게 된 인식 변화와도 관련 있다. 이는 2010년 이후 각종 통계들을 보면 알 수 있다. 먼저 교육부의 '학교급별 인성교육 실태 조사'[•]에 따르면, 우리나라 청소년은 도덕성보다 '자기 이해, 자기 존중, 자기 조절 능력' 같은 자기에 관한 인성과 다른 사람을 배려하고 공감하며 이해하고 소통하는 능력이 낮은 걸로 나타났다. 이는 인성교육에서 사회정서적 역량 교육이 시급함을 보여 준다. 최근 인성교육 방향에 대한 경기도교육청의 정책연구 결과[••]를 보더라도 경기도민은 모든 학생에게 적용할 수 있는 학교 수준의 프로그램 (27%) 다음으로 정서 함양 프로그램(22%)이 인성교육에 효과적일 것이라고 응답해 정서 교육을 통한 인성교육에 관심과 요구가 높아졌음을 나타냈다.

학교교육에서 사회정서역량 교육이 중요한 것은 학생의 바람직한 성장과 발달을 나타내는 모든 지표들이 사회정서역량과 관련이 있기 때문이다. 이에 OECD는 2018년부터 사회정서적 기능을 구체화하고 측정하기 위한 OECD SSES(OECD Structure of Social and Emotional Skills) 프로젝트를 실시하고 있다. 이 프로젝트에는 우리나라도 참여하였는데, 대구광역시 소재 초중등

•   정창우, 손경원, 김남준, 신호재, 한혜민(2013). 학교급별 인성교육 실태 및 활성화. 교육부.

••   경기도교육청(2022), 2022 경기교육정책 정기여론조사-2차 전화조사 결과보고서. 1-83.

〈OECD조사 결과, 우리나라 학생(만 10세, 만 15세)의 사회정서역량 수준에 따른 차이〉

그림 출처_ 김현진(2021). 왜 우리는 사회정서역량에 주목해야 하는가?. KEDI BRIFE. 한국교육개발원.

학교 학생들을 대상으로 2019년에 이뤄진 조사 결과에 따르면, 다른 나라에 비해서 우리나라 학생은 사회경제적 지위와 관련된 사회정서적 능력 차이가 두드러졌으며, 성별에 따른 사회정서적 역량 격차도 매우 큰 편인 것으로 나타났다. 특히 우리나라는 10세 아동에 비해 15세 아동의 시험 불안 정도가 매우 높은(조사 대상국 가운데 2위) 나라였다.

국내에서만 보자면 사회정서역량이 높은 학생일수록 학업성취도가 높았으며, 유의미한 타자(부모, 친구, 교사)와 긍정적인 관계를 맺는 것으로 나타났다. 또한 15세 학생의 경우 사회정서역량이 낮은 아이들은 적응 행동을 적게

하는 반면, 부적응 행동(지각, 수업 중 낮은 집중도)과 일탈행동(학교 이탈 행동 등)은 많이 하는 것으로 확인되었다. 학교 폭력 피해 경험과 관련해서는 사회 정서역량의 잠재적 위기 학생의 학교 폭력 피해 경험이 그렇지 않은 학생에 비해 높다는 사실이 확인되었다. 이러한 결과는 사회정서적 역량 수준이 아동과 청소년의 건강한 발달을 위해 중요한 지표이며, 사회경제적 차이나 성별에 따른 차이가 크므로 이를 개선하기 위한 노력이 요구된다는 것을 보여준다.

이처럼 모든 학생에 대한 사회정서역량 교육이 중요함에도 불구하고 지금까지 우리나라에서 사회정서역량 교육은 상당 부분 위기 학생을 대상으로 한 사후 조치에 초점이 맞추어졌다는 점에서 한계가 있다. 특히 우리나라 청소년은 다른 사람과 잘 어울려 지내며 자신의 삶을 관리하는 능력이 부족하다. 지나친 입시 중심의 교육 풍토 속에서 경쟁과 성과만을 강조하는 동안 아이들은 다른 사람과 어울려 행복하게 지내는 방법을 교육받을 기회를 빼앗겨 왔다. 이러한 점을 고려할 때 학생들의 사회적·정서적 능력을 향상시키고 효과가 검증된 다양한 프로그램을 포함하는 사회정서학습이 우리나라 아동과 청소년에게 절실히 필요하다.

물론 사회정서학습이 필요한 이유가 우리나라 학생들의 부족한 사회정서적 역량과 심각한 정신건강 문제 때문만은 아니다. 사회정서학습은 그동안 효과를 검증하는 데 몰두해 교육 효과를 거둘 수 있는 체계적인 틀을 마련했다. 그래서 사회정서학습이 강조하는 체계적인 과정은 인성교육뿐만 아니라 민주시민교육 등 다양한 교육 영역에도 시사하는 바가 많다. 안타깝게도 지난 수십 년간 우리는 어떤 교육 정책이 유행처럼 번졌다 지나가는 장면을 지켜봐 왔다. 그나마 체계적인 인성교육을 위해 인성교육 정책이 추진되고 있지만, 실제 학교 현장에서는 '친구 사랑 엽서 쓰기, 다도 배우기, 세족식' 같은 생색내기 행사에 그치는 경우가 흔하다. 이런 행사로 어떤 교육의 변화를 이끌어 내기 어렵다는 것은 교사가 더 잘 안다. 단지 그 활동으로 아이들이 변화하는 어떤 계기가 되길 바라는 막연한 기대만 있을 뿐이다. 어떤 새로운 제안을 하더라도 상명하달식의 교육 기획은 교사가 얼마나 애썼는지를 보여 주는 종이 더미만 만들어 낸다.

앞서 미국에서 사회정서학습이 탄생한 배경에 고상한 성품보다는 건강한 사회 구성원으로서 최소한의 능력만이라도 길러 달라는 요구가 있었다고 했는데, 우리 현실도 다르지 않다. 누가 보든 개의치 않고 욕을 뱉어 내는 학생들이나 분노를 조절하지 못해 이웃 간에 일어나는 끔찍한 뉴스들을 보면서 건강한 공동체 안에서 안전하게 살고 싶은 요구가 커지고 있다. 게다가 가족이 해체되고 도시화가 가속화되는 가운데 점점 더 많은 사람이 고독해지면서 소외되어 가고 있다. 그런데 이런 상황에 효과적으로 대처하기 위해 우리 교육이 무엇을 하는지 묻는다면, 입시 풍토를 탓하는 것 외에 답을 찾기가 쉽지 않다. 이럴 때 일수록 학교 교육이 근본적으로 변화하지 않으면 안 된다. 그 변화는 공산주의식으로 개혁을 위해 모든 것을 해체해서 변화시키라는 것이 아니다. 어떤 교육이 요새 유행이더라는 '카더라' 식의 생각에 기대는 것이 아니라, 체계적이고 과학적인 방법을 통한 것이어야 한다. 즉 합리적이고 근거가 있는 증명된 방법을 투입하고, 효과를 검증하고 피드백하는 체계적인 시스템을 통한 것이어야 한다. 이 또한 우리가 분명 사회정서학습에 관심을 가져야 할 이유다.

우리나라의 사회정서학습 실시 현황 ● ● ●

우리나라에서는 사회정서학습이 어느 정도 실시되고 있을까? 최근에는 사회정서학습의 함의를 국내에 소개하는 것을 벗어나, 교과연계 방법이나 효과 검증 등과 관련한 다양한 주제의 연구들이 늘고 있는 추세다. 나아가 '어울림 프로그램'과 같이 사회정서학습에 토대를 둔 학교 개입 프로그램들도 다수 개발되었으며, 학교 현장에서의 활용을 안내하는 정책적인 가이드라인이나 출판물도 증가하였다. 국가적인 수준에서 보자면 도덕과교육과정은 효과적인 교수학습을 위한 방법으로 사회정서학습을 제시하여, 학생들의 도덕성 발달을 위해 활용하도록 안내하고 있다. 하지만 이는 사회정서학습을 교과 내용과 방법 일부에 적용한 것으로, 교육 활동 전반을 조정하려는 체계적인 프로그램으로서의 사회정서학습이라고 보기는 어렵다.

사회정서학습 프로그램은 아니지만 현재 우리나라에서 국가 수준의 학교 정신건강 예방 프로그램으로 여길 수 있는 것은 교육부가 추진하는 **Wee 프로**

젝트다. 우리나라 '학교보건법' 제11조(치료 및 예방조치 등)에 따르면, 학교장은 학생 정신건강 증진을 위한 조치를 해야 하며, 교육감은 검사비와 치료비 등 학생 정신건강 증진에 필요한 비용을 지원할 수 있다. 이에 따라 교육부는 학생들의 정신건강 보호, 증진을 위해 2012년부터 모든 학교에서 학생 정서, 행동 특성 검사를 실시하며 위기 학생을 관리하고 있다. Wee 프로젝트는 1차로 각 학교에 있는 Wee 클래스를 통해 학교 부적응 학생을 위한 상담 등의 조치를 하고, 지역 교육청에서는 Wee센터를 통해 위기 학생에 대한 진단과 치료 조치를 하며, 학업 중단 학생을 위해서는 Wee 스쿨을 만들어 더욱 적극적인 서비스를 제공하고 있다. 하지만 Wee 프로젝트는 일반 학생의 정신건강 문제 예방보다는 **위기 학생에 대한 대처에 초점**이 맞추어졌다는 점에서 사회정서학습으로 보기는 어렵다.

이 밖에도 최근 교육부는 초등학생의 기초학력을 보장하기 위한 일환으로 사회정서역량 진단 도구와 지원 프로그램을 개발하여 일선 학교에 안내하고 있다. 이러한 정책 배경에는 사회정서역량이 기초학력을 증진하기 위한 핵심 요소 가운데 하나라는 인식이 자리하고 있다. 즉, 사회정서역량에 바탕을 둔

• Wee 프로젝트는 '우리'를 뜻하는 We와 '교육'을 뜻하는 Education, '감정'을 뜻하는 Emotion의 합성어다. 학교, 교육청, 지역 사회가 긴밀하게 협력해 학교 폭력이나 학교 부적응 등에 처한 위기 학생을 예방하고, 위기 학생에 대한 상담과 치유 지원 등 종합적인 지원 체제를 갖추어 학교 안전망을 구축하는 사업이다.

긍정적 학습 경험이 학업 성취에 중요한 요소라는 인식이 확대된 것이다. 교사는 '기초학력향상사이트 꾸꾸'에서 다섯 가지 영역의 역량 '정서 인식 및 조절', '자기 관리', '공감하기', '긍정적 관계 맺기', '책임 있는 행동하기'를 온라인으로 진단하고, 검사결과 낮은 수준으로 진단된 영역의 콘텐츠와 활동지를 내려받아 활용할 수 있다.

이렇게 우리나라 학생들의 사회정서역량을 향상시키려는 정책들이 증가하였지만 사회정서학습처럼 모든 학생의 문제 행동이나 부정적인 결과를 예방하는 교육이 아니라 일부 학생만을 대상으로 사후 조치에 초점을 맞춘다는

〈인성의 하위 구인〉

	도덕성	사회성	감성
역량*	• 핵심 가치 인식 • 책임 있는 의사 결정	• 사회적 인식 • 대인관계	• 자기 인식 • 자기 관리

	도덕성	사회성	정체성
덕**	정직, 책임, 준법, 효, 공경	배려, 협력, 개방성, 소통, 공감	자기 이해, 자기 존중, 자기 조절

• 천세영 외(2012) 연구
•• 정창우 외(2013) 연구

문제점이 있다. 즉, 교육의 최일선에서 학생들을 만나는 교과 **선생님들이 수업과 생활지도를 통해** 학생들의 사회정서역량 전반을 향상시킬 수 있는 교육은 아직 부족한 실정이다.

사회정서학습이 먼저 실시된 미국의 사례를 볼 때, 특정 교육 영역에서 일회적으로 실시되는 사회정서학습은 효과가 없다. 이러한 맥락에서 사회정서학습은 인성교육적인 측면에서 적용되는 것이 가장 바람직하다고 할 수 있다. 인성교육은 학생들의 긍정적인 발달과 관련한 우리나라의 가장 포괄적인 정책일 뿐 아니라, 이론적으로도 사회정서학습과 밀접한 연관을 맺고 있기 때문이다. 2012년 '학교 폭력 근절 종합대책'이 발표되고 사회 전반에 걸쳐 인성교육에 대한 관심이 증폭되었을 때, 인성교육 연구자들은 **사회정서학습에 근거해 인성 개념을 정교화**했다. 예를 들어 인성의 개념을 '도덕성, 사회성, 감성'[*]으로 나누거나 '도덕성, 사회성, 정체성'[**]으로 나누었는데, 여기서 도덕성은 책임 있는 의사 결정 역량을, 사회성은 사회적 인식과 대인 관계 역량을, 감성과 정체성은 자기 인식과 자기 조절 역량을 포함하는 인성 요소들이다. 당시 인성교육 연구자들은 사회정서학습을 현대적 의미의 인성교육으로 보아 도덕성보다 인성의 개념을 확대하고, 학생들의 인성 함양을 위해

---

[*] 천세영 외(2012), 「인성교육 비전 수립 및 실천 방안 연구」, 교육과학기술부 정책연구 2012-41.

[**] 정창우, 손경원, 김남준, 신호재, 한혜민(2013). 학교급별 인성교육 실태 및 활성화 방안. 교육부.

효과적이며 현대 사회가 복잡해지고 황폐화하는 데 대처하기 위해 중요하다고 높이 평가했다.

이후 인성교육종합계획이 실시되면서 사회정서학습에 토대를 둔 정책이나 프로그램들이 증가하였다. 예를 들어 서울시는 학교 차원의 긍정적 행동 지원(서울 PBS)을 사회정서학습과 연계하여 실시하고 있으며, 경기도는 사회정서학습을 적용한 '경기인성교육모델'을 발표하고 추진 중이다. 또한, 인천시는 학생 정신건강 문제 예방 및 학교폭력예방의 일환으로 사회정서학습 전문 교사를 양성하는 등 사회정서학습을 적용한 시도교육청의 인성교육 정책이 증가하는 추세다.

사회정서학습의 효과

사회정서학습이 확산되는 이유 중 하나는 효과를 검증받은 우수한 프로그램이 많이 만들어지고 있기 때문이다. 사회정서학습은 효과가 있을 것이라고 어림짐작 되는 방법을 적용해 막연히 효과를 기대하기보다는 **효과가 검증된 프로그램**을 통해 '자기 관리, 다른 사람과의 관계 유지, 갈등 해결, 일탈 행동 개선'과 같이 실제 학생들의 삶을 개선할 수 있는 교육 프로그램이라는 점에서 주목받고 있다.

미국의 경우 어떤 사회정서학습 프로그램이 우수한 프로그램으로 인증 받고 **카셀 가이드**에 실리기 위해서는 카셀의 **엄격한 리뷰**를 통과해야만 한다. 이 리뷰의 심사 기준은 다섯 가지다. 첫째 의도적이고 포괄적으로 **다섯 가지 핵심적인 사회정서적 역량**을 다루어야 하고, 둘째 사회정서적 **인식**과 학교 정규 수업 시간에 제공해야 하며, 셋째 **여러 해** 동안 실시해야 하고, 마지막으로 통제 집단을 설정한 실험연구 방법(무작위통제실험RCT 또는 준실험 설계)을 이용해 **의미 있는 효과**를 거두어야 한다. 최근 CASEL은 증거 기반evidence-based 실행을 강화하기 위하여, 모든학생성공법ESSA(Every Student Succeeds Act)이 제시하는 효과적인 교육 프로그램 기준에 부합하도록 우수 프로그램의 선정 기준을 강화하였다. 이에 따라 효과성을 검증한 연구의 분석 대상 최소 기준(100명 이상), 프로그램과 관련이 없는 독립심사자에 관한 사항이 추가되었다. 이런 심사를 거쳐 우수한 프로그램들을 선정한다. 리뷰를 통과한 프로그램들은 효과적인 프로그램으로서 카셀 가이드에 실리고 홍보된다. 이러한 장치 때문에 효과가 검증된 사회정서학습 프로그램이 개발되고 보급되어 점차 더 우수한 프로그램들이 개발될 수 있다.

　실제로 우수한 사회정서학습 프로그램 200여 개를 메타 분석한 연구에 따르면, 잘 디자인되고 잘 실행된 사회정서학습 프로그램은 **사회적, 정서적, 행동적, 학문적인 면에서 모두 긍정적인 성과**를 나타냈다. 통제 집단과 비교했을 때 사회정서학습 참여자들은 사회적·정서적 기술과 자신과 타인에 대한 태도, 긍정적·사회적 행동이 유의미하게 향상된 반면, 문제 행동과 정서적 우울

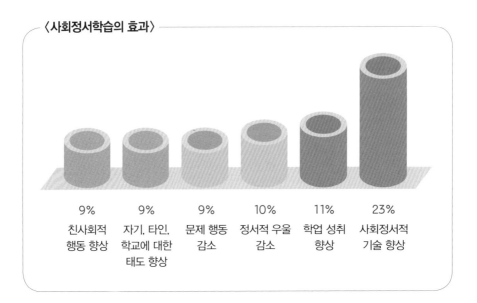

〈사회정서학습의 효과〉

9%	9%	9%	10%	11%	23%
친사회적 행동 향상	자기, 타인, 학교에 대한 태도 향상	문제 행동 감소	정서적 우울 감소	학업 성취 향상	사회정서적 기술 향상

은 감소한 것으로 나타났다.[•]

또한 프로그램이 **종료된 후**에도 사회정서학습의 효과가 지속되었는지에 관해 6개월에서 18년간 조사한 연구들을 메타 분석한 결과에 따르면, 사회정서학습에 참여한 학생들은 참여하지 않은 학생에 비해 문제 행동, 정서적 우울, 약물 사용이 훨씬 적었고, 자신과 타인에 대한 사회정서적 기술과 학교에 대한 긍정적인 태도가 더 많았다. 또 프로그램 종료 후 35년 동안 사회정서학

• Durlak, J. A., Weissberg, R. P., Dymnicki, A. B., Taylor, R. D. & Schellinger, K. B. (2011), "The impact of enhancing students' social and emotional learning: A meta-analysis of school-based universal interventions", Child Development, vol. 82 no. 1.

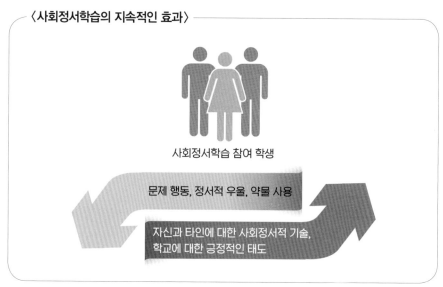

〈사회정서학습의 지속적인 효과〉

사회정서학습 참여 학생

문제 행동, 정서적 우울, 약물 사용

자신과 타인에 대한 사회정서적 기술,
학교에 대한 긍정적인 태도

＊프로그램 종료 후 6개월~18년간 측정

습에 참여한 학생들은 참여하지 않은 학생들에 비해 13퍼센트나 더 우수한
학업 성적을 나타냈다.＊

우리나라 학생에게 적용해 효과를 검증한 연구들도 있다. 특히 골먼의《EQ
감성지능》이 국내에 소개되고 대중에게 알려진 뒤, 아동과 청소년의 정서 능
력에 주목해 학교에서 그 효과를 탐색하는 연구들이 지속적으로 있어 왔다.
이들 연구는 주로 아동의 정서 조절 능력이 학교에서의 교우 관계나 사회성

＊ Taylor, R. D., Oberle, E., Durlak, J. A., Weissberg, R. P. (2017), Promoting Positive Youth
Development Through School-Based Social and Emotional Learning Interventions: A
meta-analysis of follow-up effects.

발달에 효과가 있음을 보여 주었다. 최근에는 사회정서학습이라는 이름으로 프로그램을 적용해 효과를 검증한 연구들이 늘어났는데, 2011년부터 2020년까지 국내에서 출간된 20편의 논문을 메타분석한 한 연구[•]에 따르면, 국내 사회정서학습 프로그램은 사회정서역량 향상에 유의미한 효과가 있는 것으로 나타났다. 이는 우리나라에서도 사회정서학습 적용이 타당하다는 의미라고 볼 수 있다.

그렇다면 우리나라에서 사회정서학습은 구체적으로 어떻게 적용해야 할까? 이를 위해 먼저 다른 나라의 사례를 살펴보려고 한다. 미국 외에 사회정서학습을 정부 수준에서 널리 실행하는 대표적인 나라로는 호주와 싱가포르가 있다. 이 세 나라의 사회정서학습을 살펴봄으로써 우리나라 교육이 어떤 점을 배울 수 있을지 가늠해 보자.

[•] 박현영, 채수은(2022), 〈국내 사회정서학습(SEL) 프로그램 효과에 관한 메타분석〉, 《인간발달연구》, 29권 1호, 한국인간발달학회.

4장

다른 나라의
사회정서학습

미국 일리노이주의 사례 ● ● ●

미국이 사회정서학습을 제일 처음 만들고 실시한 나라긴 하지만, 미국의 모
든 학교가 사회정서학습을 실시하는 것은 아니다. 그런데 눈여겨볼 점은 미국
의 몇몇 주가 **주정부 차원**에서 사회정서학습을 실시한다는 사실이다. 사회정
서학습은 효과를 거두기 위해 정책의 지원이 필요하기 때문에 정부 차원에서
채택해 실시하는 경우가 많다. **일리노이주**는 미국의 여러 주 가운데 처음으로
아동정신건강법을 제정하고 사회정서학습 실행을 체계적으로 지원하는 대표
적인 주다. 일리노이주는 어떤 연유로 사회정서학습을 정부 차원에서 실시하
게 됐을까?

총기 사용, 약물, 혼전 임신 등 학교 폭력과 청소년 문제가 극에 달하던 2002년, 일리노이주에 속한 교육, 정신건강, 아동 보호, 폭력 예방과 관련한 100여 개의 단체는 청소년 문제를 해결하기 위한 콘퍼런스에 참여했다. 그 성과로 아동의 정신건강과 행복을 위한 정책을 주정부에 요구하기 위해 '아동 정신건강 대책위원회'를 결성했다. 이 위원회는 집중적인 조사와 연구를 통해 이듬해 〈아동 정신건강: 일리노이주 긴급 계획 Children's Mental Health: An Urgent Priority for Illinois〉이라는 보고서를 발표했다. 이 보고서는 아동의 **사회적·정서적 발달이 성공적인 학교생활을 위한 결정적 요인**이라는 결론을 담고 있었다. 이에 따라 18세까지의 아동에 대해 포괄적이고 조정된 정신건강 예방과 조기 개입을 위한 지원 정책을 마련하고 실행할 것을 주정부에 요청했다. 그 결과 일리노이주는 아동의 정신건강 교육을 지원하는 **'아동정신건강법 Children's Mental Health Act'**을 제정했다.

'아동정신건강법'은 시카고 공립학교, 학군 연합, 카셀, 일리노이 교직원 연합, 학교 상담 교사 연합 등 60개가 넘는 주요 단체의 지지를 받았으며, 이후 사회정서학습을 대규모로 활성화하는 데 있어 지금까지 발표된 법령과 공공 정책 가운데 영향력이 가장 큰 모범적인 법으로 평가받고 있다. 이 법의 핵심 조항은 '아동 정신건강 계획 수립', '실행 기관 설립', '사회정서적 발달 교육 프로그램을 투입한 정책 수립'이다. 법이 통과되고 몇 달 뒤 **'일리노이 사회정서학습 성취 기준'**이 완성되고, 이를 기반으로 일리노이 주정부와 의회는 실행 지원을 위한 연수와 지원 계획을 채택했으며, 재정 지원을 하기로 결정했다. 이후 2007~2010년, 카셀의 실행 절차 루브릭Rublic을 사용해 시범학교에서 사회정서학습의 효과를 확인하고 전체 학교로 확대했다. 이로써 일리노이주는 정신건강에 대한 요구를 **조직적이고 체계적으로 사회정서학습과 조화시킨 미국의 첫 번째 주**가 되었다.

정부 차원의 교육 정책으로 그칠 수 있는 사회정서학습이 학교에서 실제로 실행될 수 있도록 만든 가장 중요한 정책은 바로 사회정서학습 표준 체계를 마련하는 것이었다. **'사회정서학습 표준 체계'**는 사회정서학습을 통해 학생에게 기대하는 것을 구체적인 수준부터 상위 목표까지 밝혀 사회정서학습 실행을 체계적으로 안내하는 틀이다. 사회정서학습 표준 체계는 다음 그림처럼 각 학

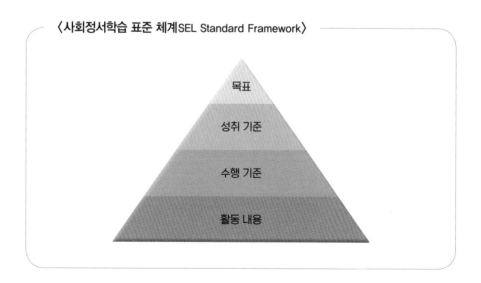

⟨**사회정서학습 표준 체계**SEL Standard Framework⟩

목표

성취 기준

수행 기준

활동 내용

년마다 연령에 맞는 '목표, 성취 기준, 수행 기준, 활동 내용'을 포함하고 있다. 각각의 내용은 일리노이주의 교사, 학교 관리자, 학생 지원 스태프, 복지 전문가, 아동 발달·학습·교육 과정 설계 전문가와 학부모가 협의를 통해 결정했다.

일리노이주 사회정서학습 표준 체계는 크게 세 가지 교육 **목표**를 추구하며, 각각의 목표는 그것을 달성하기 위해 요구되는 **성취 기준**들을 포함한다. 마찬가지로 각각의 성취 기준은 구체적으로 학생이 그 성취 기준에 도달했을 때 어떻게 행동해야 하는지에 대한 **수행 기준**들을 포함하며, 또 각각의 수행 기준은 그것에 도달하기 위한 **활동 내용**들을 포함한다. 그러므로 '목표〈성취 기준〈수행 기준〈활동 내용' 순으로 해당 사항들이 많아지며, 사회정서학습 표준 체계는 자연스럽게 피라미드 형태를 띤다. 이러한 표준 체계는 **유치원생부터 고등학생까지 연령에 따라 다르게** 구성되므로 교사는 학교급과 연령에 맞는 표준 체계를 기반으로 교육 활동을 체계적으로 계획할 수 있다. 다음 페이지의 그림은 초등학교 3학년 표준 체계의 일부다.

성취 기준은 학교에서 일어나는 모든 교육의 청사진이자 로드맵 역할을 하기 때문에 중요하다. 성취 기준은 학생이 무엇을 알아야 하고 교육 활동의 결과로 무엇을 할 수 있는지에 관한 진술로, 학년마다 교과 영역 안에서 학습을 위한 구체적인 목적과 기준점을 정교하게 함으로써 교육과정 개발과 수업을 안내할 수 있다. 또한 수업에 공통의 언어와 구조를 제공하고 계획을 세우도록 함으로써 교육이 통일성과 일관성을 갖도록 한다. 그러므로 학년별로 사회

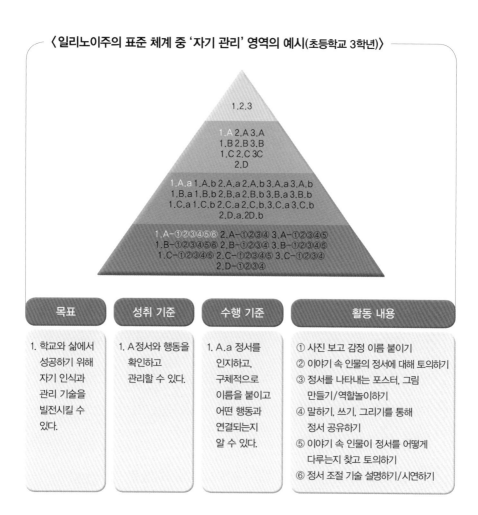

〈 일리노이주의 표준 체계 중 '자기 관리' 영역의 예시(초등학교 3학년)〉

1.2.3

1.A 2.A 3.A
1.B 2.B 3.B
1.C 2.C 3C
2.D

1.A.a 1.A.b 2.A.a 2.A.b 3.A.a 3.A.b
1.B.a 1.B.b 2.B.a 2.B.b 3.B.a 3.B.b
1.C.a 1.C.b 2.C.a 2.C.b 3.C.a 3.C.b
2.D.a.2D.b

1.A-①②③④⑤⑥ 2.A-①②③④ 3.A-①②③④⑤
1.B-①②③④⑤⑥ 2.B-①②③④ 3.B-①②③④⑤
1.C-①②③④⑤⑥ 2.C-①②③④⑤ 3.C-①②③④
2.D-①②③④

목표	성취 기준	수행 기준	활동 내용
1. 학교와 삶에서 성공하기 위해 자기 인식과 관리 기술을 발전시킬 수 있다.	1. A정서와 행동을 확인하고 관리할 수 있다.	1. A.a 정서를 인지하고, 구체적으로 이름을 붙이고 어떤 행동과 연결되는지 알 수 있다.	① 사진 보고 감정 이름 붙이기 ② 이야기 속 인물의 정서에 대해 토의하기 ③ 정서를 나타내는 포스터, 그림 만들기/역할놀이하기 ④ 말하기, 쓰기, 그리기를 통해 정서 공유하기 ⑤ 이야기 속 인물이 정서를 어떻게 다루는지 찾고 토의하기 ⑥ 정서 조절 기술 설명하기/시연하기

정서학습 성취 기준을 안내하는 일리노이주의 사회정서학습 표준 체계는 학교에서 사회정서학습이 실행될 수 있도록 하는 **동력이자 로드맵 역할**을 했다. 또한 '아동정신건강법'을 통해 학교 성취 기준에 사회정서학습이 포함됨으로써 일리노이주에 속한 학교들은 학생의 사회정서적 발달을 위해 사회정서학

습과 관련한 교육적 노력을 해야 하는 책임을 부여받았다.

일리노이주는 표준 체계를 만듦으로써 학교에 사회정서학습을 실시해야 하는 책임만 부여하는 것이 아니라 **연수 지원, 코칭 지원, 가이드와 자료 등**을 제공해 사회정서학습을 실행할 수 있도록 돕는다. 특히 **'행동하는 교실 Classrooms in Action'**은 사회정서학습을 위한 자료와 전략, 교수 학습 방법 등에 관한 정보를 모아 제공하는 대표적인 지원 시스템이다.

또한 **'3개년 계획3year plan'** 같은 재정 지원 시스템은 학교가 사회정서학습 프로그램을 구매하고, 사회정서학습을 지속적으로 실행해 효과를 거둘 수 있도록 하는 장치다. 다음 표처럼 '3개년 계획'은 사회정서학습 단계와 절차가 담긴 카셀의 루브릭을 기반으로 '실행 1년차, 실행 2년차, 실행 3년차'의 각 단계별로 예산 계획을 세우도록 해서 지원금을 교부하는 시스템이다. 여기에 더해 실행을 준비하는 해는 준비 단계에 해당하는 루브릭 5단계까지 별도의 지원금을 요구할 수도 있다.

현재 일리노이주뿐만 아니라 많은 주가 사회정서학습을 정부의 성취 기준안에 더 많이 포함하는 추세다. 취학 전 아동의 경우는 미국의 모든 주가 가이드라인과 정책 지원을 포함한 성취 기준을 가지고 있다. 이에 비해 상대적으로 초중등학교의 사회정서학습 성취 기준을 제공하는 주는 27개로 많은 편은 아니다. 그러나 점점 더 많은 주들이 중고등학생을 대상으로 사회정서역량 발달 성취기준 체계를 마련해 가고 있다. 미국의 모든 주가 사회정서학습 성취

〈3개년 사회정서학습 실행 계획(3year plan)〉

연차	단계	내 용	요구 예산	실행 정도	예산 교부
1년차	1	실행의 공표	300	1 2 3 ④	○
	2	사회정서학습 팀 결성	500	1 2 ③ 4	○
	3	목표의 정교화	300	1 2 3 ④	○
	4	수요와 지원 조사	1000	1 ② 3 4	X
	5	실행 계획 수립	300	1 2 3 4	
	6	프로그램 선정 및 구입	5000	1 2 3 4	
□		□	□	□	□

〈1: 거의 실행하지 않음 / 2: 일부 실행함 / 3: 실행한 편임 / 4: 매우 잘 실행함〉

기준을 마련한 것은 아니지만 연방 수준에서 2011년 **'학업적·사회적·정서적 능력 함양을 위한 학습법**ASELA(Academic, Social, and Emotional Learning Act)**'**이 발의된 뒤, 2015년 '모든학생성공법ESSA(Every Student Succeeds Act)'이 통과되면서 각 주의 성취 기준 마련은 더욱 확산되는 추세이다. ESSA 는 자율적으로 성취 기준을 설계할 수 있는 권한을 주정부에 부여함으로써, 주정부가 사회정서적 발달을 고려하는 포괄적인 정책을 추진할 수 있게 하는 원동력이 되었다.

무엇을 배울 수 있을까?

일리노이주의 사회정서학습 실행 사례가 우리에게 주는 시사점은 먼저 아동

정신건강법과 사회정서학습 표준 체계를 통한 지원에서 드러나듯이 **체계적인 지원 정책이 필요하다**는 점이다. 앞에서 살펴보았듯이 사회정서학습은 학습 이론이라기보다는 학교의 모든 교육 활동을 체계적으로 조정하려는 포괄적인 학교 개혁 운동의 성격을 띤다. 사회정서학습이 지향하는 포괄적인 학교 변화가 추진되고 지속되기 위해서는 정책의 뒷받침이 필요하다. 사회정서학습에 대한 정책의 지원은 사회정서학습이 학교에서 공식적인 것이 되도록 만들고, 이에 따라 사회정서적 역량을 발달시키고자 하는 교사들이 공통의 언어를 가지고 사회정서학습을 조직적으로 추진할 수 있도록 도와야 한다. 물론 사회정서학습이 개별 학급이나 집단 단위로 실행될 수도 있지만, 효과를 거두기 위해서는 학교 전체에서 실시할 필요가 있다.

일리노이주의 사회정서학습 성과는 **사회정서학습의 확산과 발전을 주도**한다는 점에서 중요하다. 카셀은 일리노이주에서의 경험을 바탕으로 사회정서학습의 혜택을 극대화하기 위해서는 사회정서학습을 지원하는 정책과 교육 법안이 중요함을 인식하고 **교육 정책가, 실무자들과 긴밀히 협력**함으로써 사회정서학습이 활성화되도록 노력하고 있다. 결론적으로 일리노이주의 사회정서학습 지원 체계는 이후 사회정서학습 실행 정책의 모델이 되었으며, 우리나라에도 시사하는 바가 있다. 아동·청소년이 건강한 마음으로 자라날 수 있도록 교육 당국은 우리나라 아동과 청소년에게 적절한 사회정서적 발달 성취 기준을 만들고, 학교가 그 성취 기준에 따라 교육 활동을 실행할 수 있도록 재정 지원을 비롯한 여러 정책 지원 계획을 마련해야 한다.

또 다른 시사점은 **교육 연구 기관의 긴밀한 협력**이 필요하다는 것이다. 일리노이주는 카셀과 긴밀히 협력함으로써 사회정서학습을 체계적이고 효과적으로 실행했다. 사회정서학습이 효과적으로 실시되기 위해서는 사회정서학습 실행에 대한 자문과 연수, 평가와 피드백이 필요하다. 우리나라에는 카셀 같은 사회정서학습 전문 기관이 없으므로 사회정서학습을 연구하는 대학이나 정부의 교육 연구 기관과 학교가 네트워크를 구축한다면 사회정서학습을 더 효과적으로 실행하도록 도울 수 있을 것이다.

호주의 사례

호주는 사회정서학습을 국가 차원에서 실시하는 대표적인 나라다. 호주의 사회정서학습에서 특징적인 점은 '비유Be you'라는 국가 정신건강 관리 시스템이 구축되어 있고, 이 시스템 안에 정신건강 문제 예방 및 대처 교육으로서 사회정서학습이 포함되어 있다는 점이다. 호주가 이렇게 정부 차원에서 사회정서학습을 널리 실행하게 된 배경에는 **호주 청소년과 아동의 심각한 정신건강 문제**가 있다.

호주 보건복지연구원에 따르면, 2003년 기준 15~24세 호주 청소년의 질병과 상해 원인 중 49퍼센트가 우울, 분노 같은 정신적인 문제에서 나타났다고 한다. 또 호주 아동 7명 중 1명이 우울증, 분노, 과잉 행동, 공격성 같은 정신적인 어려움을 겪는데도 도움을 받는 경우는 25퍼센트에 지나지 않는다는 사실이 조사되었다. 이에 호주 정부는 건강, 교육, 복지 등 다양한 영역을 아우르는 연구를 시작한다. 이후 2006년 호주 정부의 보건, 교육, 지역 공동체 기관장들이 모여 사회정서적 건강을 위한 협의체를 만들었다. 이를 통해 웰빙 wellbeing, 즉 행복하게 잘 사는 것이 사회적 관심사가 되고, 정신적인 것을 포함해 인간의 건강에 대한 새로운 개념 정의가 이루어졌으며, 정신건강 문제를 해결하는 관점이 의학적인 것에서 긍정심리학적인 접근으로 이동한다. 이에 따라 먼저 '마인드매터스mindmatters'라는 중고등학생을 위한 정신건강 관리 프로그램이 탄생한다.[*]

마인드매터스는 호주 연방정부의 보건과 수명부, 우리나라로 치면 보건복지부가 주도해서 개발했다. 정부는 프로그램을 개발한 뒤 마인드매터스를 소개하고 홍보하기 위한 연수 프로그램을 마련했는데, 당시 호주 중고등학교의 80퍼센트가 이 프로그램에 참여했다. 이는 주별로 독립성이 강한 호주의 학교 특성을 감안하면 대단히 높은 수치다. 이후 2013년 기준 12만 명 이상이 전문적인 마인드매터스 연수에 참여하면서 빠른 속도로 호주 중고등학교에 확산되었다.

- Gidley, J. M.(2013), "Australia", Social and Emotional Education. An International Analysis, Santander: Fundacion Botin.

한편 초등학교 대상인 '키즈매터'는 마인드매터스의 성공을 계기로 개발된다. 2006년 호주 정부는 우울증 대처 기구인 비욘드블루beyondblue, 호주심리학회, 호주교장협회와 파트너십을 맺고 키즈매터를 개발했다. 2007~2008년 101개교에서 시범 운영되었는데, 그 결과 아동 건강과 학업 수행에서 긍정적인 효과를 나타내는 성과를 거두었다. 그 뒤 호주 정부는 프로그램을 확대 적용하기 위해 예산 지원을 늘렸고, 호주의 많은 초등학교가 아동의 정신건강을 위한 프로그램으로 키즈매터를 활용했다.

현재 호주의 비유는 키즈매터와 마인드매터스 등 다양한 노력을 흡수해서 만들어진 체계다. 호주 아동과 청소년의 정신건강 문제를 해결하고 삶의 질을 개선하기 위해 적용했던 여러 프로그램을 검토한 결과를 바탕으로 0세부터

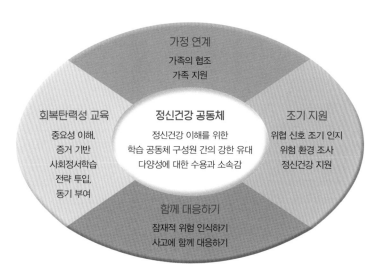

18세 청소년까지 적용할 수 있는 새로운 시스템을 구축한 것이다. 앞의 그림
은 비유가 하는 일을 나타낸 것이다.

그림에서 보는 것처럼 비유는 정신건강에 미치는 영향이 큰 영역을 나누어
정신건강 문제를 관리한다. 여기서 예방과 대처를 위한 교육 영역은 회복탄력
성 교육에 초점을 맞추는데, 그 방법이 바로 증거 기반의 사회정서학습 프로
그램을 투입하는 것이다. 즉 효과가 증명된 사회정서학습 프로그램을 국가에
서 제공하거나 안내하고, 이를 학교나 단체, 개인이 활용해서 행복한 삶을 위
한 기술과 역량을 키워 나갈 수 있도록 하고 있다. 비유의 개입은 다음 그림처
럼 개인의 상황에 따라 수준을 달리해서 차별적으로 이루어진다.

위기 학생에게는 조기에 개입해서 지원하고, 모든 학생에 대해서는 사회정
서학습을 실시해서 정신건강 문제를 예방하고 회복탄력성을 키운다. 또한 학

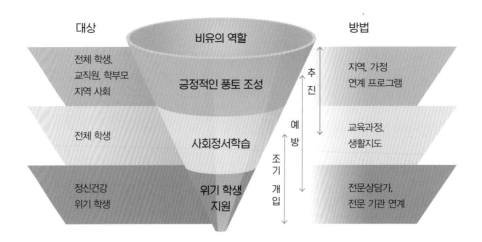

생을 비롯한 교사, 교직원, 가정, 지역 사회의 긍정적인 풍토를 조성해 아동과 청소년의 정신적으로 건강한 발달 토대를 마련하려고 한다.

구체적으로 비유는 교사들이 용이하게 실행할 수 있도록 지침과 절차를 안내하고, 전문 컨설팅을 지원하며, 구성 요소별로 다양한 프로그램 목록과 방법, 교수 학습 자료를 제공해 학교가 각자의 특성과 요구에 맞게 선택할 수 있도록 돕는다. 한편으로는 정신건강을 위한 전략들을 성찰하고 논의하며 경험을 축적하는 장치이기도 하다. 그래서 비유는 학교가 비유를 실행하는 데 자문을 할 수 있도록 온라인상에 포털 사이트를 구축하고 있다. 이 포털은 사회정서학습을 실시하는 학교 담당자들이 공동으로 작업하고, 진행 과정을 확인하고, 학습 자원에 접근하도록 돕는 공간으로 '실행 팀을 위한 가이드, 프로그램 가이드, 교직원 연수를 위한 워크북, 평가 리뷰, 행정 직원을 위한 가이드' 등의 정보를 제공한다.

호주는 미국에서 개발된 사회정서학습 프로그램을 이용하기도 하지만, 자국에서 개발한 프로그램들도 상당수 보유하고 있다. 교사는 비유에 소개된 이 프로그램들의 리뷰를 보고 자신의 학교에 적절한 프로그램을 구입해서 활용할 수 있다.

무엇을 배워야 할까?

호주 사회정서학습의 큰 특징 중 하나는 정신건강 문제 예방에 무게중심을 둔다는 것이다. 특히 호주 아동과 청소년의 정신건강 문제를 해결하기 위해 교육, 의료, 복지 등 다양한 분야에서 **협업**을 이루었다는 점은 주목할 만하다. 호주처럼 주정부의 권한이 강하고, 학교의 자율성과 자립도가 높은 나라에서 국가 차원의 교육 프로젝트가 만들어질 수 있었던 것은 아동과 청소년의 정신건강 문제를 해결하기 위해 다방면의 전문가들이 협력했기 때문이다. 이는 호주 정부가 아동과 청소년의 정신건강 문제를 국가의 미래가 달린 위기로 인식하고, 관련된 여러 부처의 장관들이 모여 문제를 해결하기 위한 방법을 모색했기에 가능했다고 볼 수 있다. 관련 부처의 소통과 협업이 부족한 우리나라에 시사하는 바가 크다. 게다가 우리나라 아동과 청소년의 우울증 발병률과 자살률은 세계 최고 수준으로 호주보다 더 심각하다. 그러므로 학생들의 정신건강 문제를 해결하고 예방하기 위한 종합적이고 체계적인 대안을 마련하는 일이 시급하다고 할 수 있다.

또 다른 시사점은 사회정서학습을 실행하는 **포괄적이고 체계적인 구조**에서 찾을 수 있다. 지금까지 살펴본 바와 같이 비유는 예방 차원에서부터 적극적인 개입 차원까지 여러 수준에서 학교, 가정, 지역과 같이 학생에게 영향을 미치는 주요 영역에 교육·상담·복지 서비스를 투입할 수 있도록 설계되어 있다. 이러한 설계가 이루어진 것은 호주의 정신건강 관리 시스템이 정신건강 문제가 너무 복합적이고 다면적인 것이라는 사실을 인식한 결과 만들어졌기 때문이다. 미국의 사회정서학습이 다양한 학교 개입 프로그램들을 통합하고 조정하는 과정이라면, 호주의 비유는 학생의 정신건강에 영향을 미치는 생태학적 체계를 고려해 체계적으로 만들어진 공통의 구조다. 여기서 사회정서학습의 역할은 회복탄력성 교육을 위한 이론적 기초를 제공하고, 다양한 프로그램을 통해 교육과정을 구성하는 것이다. 비유는 문제를 해결하려는 정부 차원의 집중과 노력이 그 나라 실정에 맞게 독창적이면서도 효과적인 학교 개입틀을 만들 수 있음을 보여 준다고 하겠다. 결론적으로 호주의 정신건강 관리 시스템은 학교의 긍정적인 변화에 강력한 기폭제 역할을 한 것으로 평가받는다. 우리나라도 사회정서학습을 우리의 아동·청소년 문제와 교육 상황에 적절하게 활용한다면 큰 효과를 거둘 수 있을 것이다.

싱가포르의 사례   •••

호주와 더불어 싱가포르도 **국가 차원에서** 사회정서학습을 실시하는 대표적인 나라다. 싱가포르 교육부가 2005년 공식적으로 도입한 이래 사회정서학습은 싱가포르에서 학교 교육의 핵심적인 부분으로 인식되고 있다. 이렇게 싱가포르가 사회정서학습을 실시하게 된 배경에는 20세기 말 싱가포르 지도자들의 고민이 담겨 있다. 싱가포르 교육자들은 새로운 세기를 맞이하면서 학업 면에서 우수하기만 한 싱가포르 학생들이 **미래 사회에서 도전을 만났을 때 현명하게 대처할 수 있도록** 준비시켜야 한다는 요구를 절박하게 느꼈다. 초등학교 때부터 시작되는 입시 압박 속에서 싱가포르 학생들의 불안 수준은 OECD 평균보다 훨씬 높았다.

그러나 당시까지 행복하게 살기 위한 삶의 기술에 관한 교육은 '시민·도덕 교육, 보건 교육, 체육, 정규 과목과 병행한 활동, 목회 돌봄, 성교육'을 통해 분산적으로 이루어지고 있었다. 이에 싱가포르 교육자들은 전체 교육과정을 관통하는 체계를 만들어야 한다는 중대한 각성을 한다. 이러한 상황 속에서 2001년 싱가포르 교육부가 발표한 〈**교육의 바람직한 미래**Desired Outcomes of Education〉는 사회정서학습이 싱가포르에 확산되는 결정적인 계기가 된다. 이 보고서는 교육자들에게 싱가포르의 교육 목표를 알려 주는 이정표 역할을 했는데, 특히 싱가포르 학생의 사회정서적 발달을 제안하고 강조함으로써 이후 사회정서학습이 발전하는 데 힘을 불어넣는다.

그런데 국가 차원에서 새로운 것을 갑자기 실시한다고 하면 반발과 실행착오 같은 어려움이 발생할 수 있다. 싱가포르 교육부 역시 이러한 점을 염려해 실행착오를 줄이고 사회정서학습을 체계적으로 적용하기 위해 탄탄한 기초를 마련하는 데 많은 공을 들였다. 먼저 **준비 단계**에서 프로젝트 팀을 구성한 뒤 관련 연구물을 검토하고 외국 사례를 연구했으며, 교사와 학부모를 비롯해 공동체 구성원이 요구하는 것을 조사했다. 이를 토대로 '**발전 단계**'에서는 싱가포르의 실정과 요구에 맞는 사회정서학습의 '**개념 체계**'와 '**표준, 성취 기준**'을 정립하고, '**구체적인 지원과 실행 계획**'을 마련했다.

'**구체적인 지원과 실행 계획**'은 네 갈래의 노력으로 이루어졌다. 첫 번째 갈래는 '**프로토타이핑**prototyping'을 통한 실행이다. 프로토타이핑은 원래 본격적인 상품화에 앞서 성능을 검증, 개선하기 위해 간단히 핵심 기능만 넣어 기본 모델을 제작하는 것으로, 싱가포르는 사회정서학습을 시범적으로 실시해 싱가포르의 학교 환경에 적합한 사회정학습 모델을 만들고자 했다. 두 번째 갈래인 '**연수**'는 교사들이 사회정서학습에 관한 지식과 기술, 철학을 갖도록 돕는 것이다. 이를 위해 2005~2006년 싱가포르의 모든 교사를 대상으로 교직원 준비 프로그램을 실시했다. 또한 교사 양성 기관의 교육심리학 교육과정에 사회정서학습 관련 이론들을 포함해 장기적인 관점에서 싱가포르 교사들이 사회정서적 역량을 가질 수 있도록 했다. 세 번째 갈래인 '**교육과정**'은 '명시적인 사회정서적 역량 교수, 형식적 교육과정(영어/모국어 단원, 시민·도덕 교육), 비형식적 교육과정(교육과정 병행 활동), 학교 전반에서 가르칠 만한 중요한 순간의 사회정서적 기술 훈련'을 포함하기 위한 자원과 전략을 개발하는 것이다. 네 번째 갈래인 '**평가**'는 교육부와 학교의 평가 체계를 발전시키는 것으로, 학교가 효과를 거두기 위해 학생의 요구를 파악하고 성과를 평가할 수 있도록 돕는 것이다.[*]

- Kom, D.(2013), "Singapore", in Social and Emotional Education. An International Analysis, Santander: Fundacion Botin.

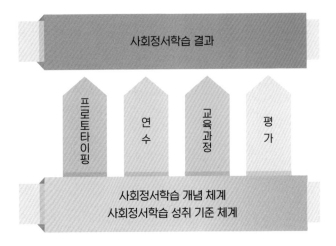

이와 같이 싱가포르 교육부가 **사회정서학습의 필요성을 인식하고 실행하기
위한 구체적인 계획을 만들기까지 약 2년이 걸렸다.** 이러한 네 갈래의 계획을
실행한 후 사회정서학습은 2006년부터 본격적으로 시작되었으며, 점차 학교
의 모든 활동으로 적용 범위를 확대해 갔다.

　현재 싱가포르에서 사회정서학습은 2014년에 처음 발표된 〈**인성·시민 교
육과정**Character & Civic Curriculum〉 안에 통합되어 추진되고 있다. 싱가포
르의 모든 초등학교와 중등학교는 의무적으로 인성 및 시민 교육과정에 따른
교육 활동을 계획, 실시해야 하며, 이에 따라 싱가포르의 모든 학생이 바람직
한 인성의 한 부분으로서 사회정서적 역량을 지닐 수 있도록 노력을 기울이고
있다. 다음 그림은 2021년 개정된 싱가포르 '인성 및 시민 교육과정'이 제시하
는 '**인성·시민 교육 개념체계**'다.

여기서 보듯이 사회정서적 역량은 싱가포르 교육이 추구하는 핵심 가치의 실현과 인성의 성장을 가능하게 하는 **첫 번째 연결고리**다. 핵심 가치는 교육활동의 방향을 안내하고, 사회정서학습은 이를 효과적으로 실현하기 위한 통로 역할을 한다. 또한, 사회정서학습은 목표 차원에서도 중요한데 〈인성·시민 교육과정〉은 교육목표 가운데 하나로 '회복탄력성과 사회정서적 웰빙'을 제시하고, 모든 교육 영역에서 일관되게 추구되어야 한다고 기술하여 사회정서적 역량 교육의 중요성을 강조하고 있다. 이처럼 싱가포르에서 사회정서학습은 **미래 사회를 대비해 전인교육을 체계화하고 강화하는 역할**을 하면서 인성교육 체계에 통합되어 가고 있다.

무엇을 배워야 할까?

싱가포르의 사회정서학습 사례가 우리에게 주는 첫 번째 시사점은 정부 수준에서 사회정서학습을 효과적으로 실행하기 위해서는 **구체적인 계획**을 세우고 실행할 필요가 있다는 것이다. 싱가포르는 '준비, 발전, 실행, 평가'라는 큰 단계를 세우고 각 단계마다 실행 내용을 구체적으로 정해, 사회정서학습을 체계적으로 적용해 나갔다. 즉 이렇게 계획을 구체적으로 마련한 것은 사회정서학습이 싱가포르 전체 학교로 빠르게 확산되고 효과적으로 실행되는 데 큰 역할을 했다.

두 번째 시사점은 시범학교 연구, 즉 **'프로토타이핑'**을 통한 프로그램 개발 방식이다. 싱가포르는 사회정서학습 시범학교들이 그들 학교 상황에 맞는 사회정서학습 프로그램을 프로토타입으로 개발하고, 성과와 아이디어를 다른 학교와 공유하는 방식으로 적용을 확대해 갔다. 시범학교 적용을 통한 확대의 가장 큰 효과는 각 학교의 특성에 맞는 사회정서학습 프로그램을 개발하고, 교직원으로 하여금 사회정서학습의 교육 철학을 내면화하도록 도울 수 있다는 점이다. 이는 교육부가 표준 꾸러미standard package를 설계하고 전달하는 전통적인 하향 방식과 대조적인 것으로, 학생의 구체적인 요구를 이해하고 이를 충족하기 위해 프로그램을 맞춤 제작하려는 노력을 유도할 수 있었다. 다음 표는 시범 적용을 통한 사회정서학습 프로그램의 개발과 기존 하향식 프로그램 실행의 차이점을 보여 준다.

하향식 프로그램	시범 적용을 통한 프로그램 개발
프로그램 적용에 초점	학생 역량 발달에 초점
미리 만들어진 패키지 프로그램	학생의 요구 맞춤 프로그램
프로그램에 기초한 집단	통합적이고 협업적인 팀
계획이 실행 주도	과정을 통한 결과가 실행 주도
목표 달성의 정도가 중요	설계의 타당성이 중요
출시 모드	피드포워드feedforward 모드

시범학교에서 개발된 프로그램은 초점이 **프로그램보다 학생**에 맞춰져 있다. 시범학교 교사들은 프로그램 개발 과정에서 서로 협력하고, 방식을 통합하며, 분야와 과목을 가로질러 협업함으로써 학생의 독특한 요구를 충족시키고, 학생을 전인적으로 성장하도록 도울 수 있었다. 우리나라의 경우 정부의 하향식 교육 정책에 대해 학교와 교사가 갖는 거부감이 적지 않다. 이러한 점을 고려할 때 사회정서학습 실행이 무에서 유를 창조하라는 식의 부담으로 다가오지 않으려면 학교 현장에서 적용하기 쉬운 방향으로 프로토타입을 개발하고 이를 점차 공유해 가는 방식을 취할 필요가 있다.

싱가포르의 사회정서학습 경험이 우리에게 주는 세 번째 시사점은 **사회정서학습을 통해 미래 사회를 대비한 전인교육의 목표를 체계적으로 추구**할 수 있다는 것이다. 싱가포르는 새로운 세기를 맞아 2001년에 미래 사회를 대비한 비인지적 기술이라고 번역할 수 있는 Soft skill, 즉 부드러운 기술 발달을 위한 체계인 '21세기 역량과 교육 목표 체계'를 만들었다. 향후 싱가포르 교육의 이정표가 된 이 체계는 싱가포르 공교육이 목표로 하는 '추구하는 인간상'을 재설정하고 '핵심 역량'을 규정했다. 이때 핵심 역량을 가르치기 위한 방법으로 제시된 것이 사회정서학습이었다. 사회정서학습은 싱가포르 인성교육이 역량 중심 교육으로 재설정되는 데 구체적인 내용을 제공하는 역할을 했다.

사회정서학습을 활용해 인성교육 프로그램을 만들기 위해서는 이를 안내할 수 있는 체계적인 지침과 모델이 필요하다. 이러한 점을 고려할 때 싱가포르의 사례는 인성교육을 체계적으로 계획하고 구체적인 방법을 제시한다는 점에서 우리나라 인성교육에 시사하는 바가 있다. 실제로 우리나라의 많은 교육 연구자가 우리나라에서 사회정서학습이 적용된다면 인성교육의 영향력 아래서 실시될 가능성이 높을 거라고 전망한다. 그렇다면 사회정서학습과 인성교육은 구체적으로 어떤 연관이 있을까? 또 인성교육에 사회정서학습을 적용하는 것이 어떤 이득이 있을까?

5장

사회정서학습과
인성교육

사회정서학습과 인성교육   • • •

사회정서학습은 인성교육 제도를 추진할 당시 많은 관심을 받았다. 그 이유는 사회정서학습이 우리나라 학교 인성교육에서 중요한 역할을 할 수 있기 때문이었다. 사회정서학습이 왜 중요한 역할을 할 수 있는지 이해하기 위해 우리나라 인성교육에 대해 간략하게 살펴볼 필요가 있다. 우리나라 공교육에서 인성교육이 본격적으로 언급되기 시작한 것은 1995년 **5·31 교육개혁** 때로 거슬러 올라간다. 단순 암기 중심의 교육이 비판 받으면서 실천적인 인성교육에 관심이 생겨났고, 그 결과로 학생의 봉사 활동 사항을 당시에는 종합생활기록부에 기재했다. 그러나 봉사 활동은 입시를 위한 요식 행위에 그치는 경우가 많았다. 그러던 중 학교 폭력 문제가 심각한 사회 문제로 대두하자 정부는 2012년 **학교 폭력 근절 종합대책**과 함께 **인성교육 강화 방침**을 발표한다. 이에 따라 2013년 인성교육 강화 기본 계획이 처음 수립된다. 이 계획으로 도덕·윤리 교과뿐만 아니라 전체 교육과정에 인성교육이 반영되고, 학교 단위의 프로젝트형 인성교육 프로그램들이 추진된다. 그 뒤 교육부는 2016년, 2020년 두 차례에 걸쳐 인성교육 5개년 종합계획을 발표했고, 현재 실행 중이다. 그러므로 현재 국가 수준에서 마련된 우리나라의 인성교육 제도는 '**인성교육 강화 기본 계획**'을 바탕으로 '**인성교육진흥법**'(법률 제13004호)과 '**인성교육 5개년 종합계획**'을 통해 인성교육이 확산되는 시스템을 갖추어 나가는 중이라고 할 수 있다.

이러한 정책적 배경을 바탕으로 효과적인 인성교육에 대한 연구들이 많이 수행되어 왔다. 이러한 연구들의 공통적인 결론은 단편적이고 분산적이며 일시적인 노력은 모두 효과가 없다는 것이었다. 즉 행사성의 보여 주기식 인성교육은 효과가 없으므로 **통합적이며 체계적이고 지속적으로** 이루어질 수 있는 인성교육으로 변화해야 한다는 것이다. 이러한 인식은 사회정서학습이 주목받는 데 영향을 미쳤다. 그뿐만 아니라 사회정서학습은 여러 측면에서 인성교육을 위해 효과적이고 중요한 역할을 할 수 있다. 사회정서학습을 연구하거나 실제 적용한 경험이 있는 전문가들은 사회정서학습의 의의를 다음과 같이 정리했다.*

- 사회정서적 역량은 초중고생이 습득해야 할 중요한 역량으로 인성 발달에 도움을 준다.
- 모든 학생에게 예방적 접근을 취하는 장점이 있다.
- 학교 폭력, 정신건강 문제 등 우리나라 청소년 문제를 해결하는 데 적합하다.
- 규범 차원의 논의에서 벗어나 인성에 대한 개념 이해의 폭을 확대한다.
- 그동안 소홀히 다루었던 정서 교육의 중요성을 부각한다.
- 모든 교과 수업을 통한 인성교육의 가능성을 높이는 역할을 할 수 있다.
- 사회정서적 역량과 그 하위 기술들은 개념 수준에서 제시된 인성교육의 핵심 역량에 대한 이론적 설명을 제공해 준다.
- 풍부한 사회정서학습 프로그램들은 구체적인 인성교육 프로그램을 개발하는 데 도움을 줄 수 있다.

무엇보다 인성교육에서 사회정서학습이 중요한 이유는 **사회정서적 발달이 인간의 도덕성을 발달시키는 데 핵심적인 부분**이기 때문이다. 즉 인간의 정서와 사회성은 서로 영향을 주고받으며 발달하고, 그 과정에서 도덕성이 발달한다.

- 김윤경(2018), 〈사회정서학습을 적용한 학교인성교육 정책방향 연구〉, 《한국도덕윤리과교육학회 학술대회자료집》, p. 59.

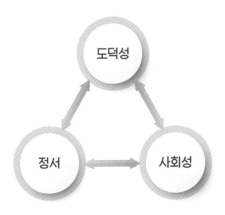

　도덕성 발달과 관련해 **정서의 역할**을 세 가지 수준에서 좀 더 구체적으로 살펴볼 수 있다. 먼저 대인 관계 수준에서 정서는 '얼굴 표정, 음성, 몸짓' 등의 표현을 통해 상대방의 정서 상태나 신념 또는 의도를 알 수 있도록 정보를 제공한다. 집단 수준에서는 일체감을 갖도록 하고 집단 구성원들이 서로 타협하고 양보할 수 있도록 돕는 기능을 하며, 문화 수준에서는 한 사회의 규범이나 가치 체계를 학습하는 사회화 과정을 돕는 역할을 한다.

　영유아기의 정서적 발달은 애착과 자기 인식이 출현하는 것을 도우며, **정서적 조절 능력**을 발달시킴으로써 도덕성이 발달하는 토대를 만든다. 아이들의 이러한 능력은 초등학교에 입학한 뒤에도 급격하게 발달한다. 예를 들어 남을 무시했거나 속였을 때 또는 의도적인 잘못을 저질렀을 때와 같이 비도덕적인 행동을 했을 때 죄책감을 느낄 줄 알게 된다. 아동은 친구들과의 관계에서 소외되지 않기 위해서 또는 더 긴밀한 관계를 만들기 위해 정서를 조절하는 방법을 연습하며, 다른 사람과 어울려 살기 위해 필요한 덕목들을 습득해 간다.

학령기와 청소년기에는 **공감 능력**이 급격하게 발달한다. 초등학교 시절 아동의 공감 능력은 넓은 범위의 정서를 이해하고 타인의 감정을 평가하는 데 필요한 다양한 단서를 모을 수 있게 됨에 따라 증가한다. 청소년기 동안 '조망 수용 능력', 즉 타인의 입장에서 생각할 수 있는 능력은 단지 다른 사람에 대한 즉각적인 걱정뿐만 아니라 그들의 일반적인 생활 조건에 공감을 할 수 있는 수준까지 발달한다. 청소년기의 이러한 공감 능력은 불쌍하고, 억압 받고, 아픈 사람들에 대해 현재를 넘어서 미래의 상황에 적용할 수 있을 정도로 발달하기도 한다.*

이처럼 사회정서적 발달은 도덕성 발달과 밀접한 관련이 있기 때문에 사회정서적 역량 발달을 목표로 하는 사회정서학습은 인성교육을 위해 중요하다고 할 수 있다. 이를테면 사회정서학습의 주요 기술 중 '자신의 정서 인지하기'는 '성찰'을 위해, '다른 사람의 정서 이해하기'는 '공감'을 위해, '정서 조절하기'는 비도덕적 충동을 억제하고 '절제'를 실천하기 위해 필요한 기초 기술들이다. 인성교육의 목표가

자신의 정서 인지하기 ▶ '성찰'

다른 사람의 정서 이해하기 ▶ '공감'

정서 조절하기 ▶ '절제'

* Hoffman, M.L.(2000). Empathy and moral development. New York: Cambridge University Press.

도덕적 행동을 실천하도록 하는 데 있다면, 사회정서학습은 구체적인 기술 훈련으로 사회정서적 발달을 돕고 이를 통해 학생의 도덕적 실천에 긍정적으로 기여할 수 있으므로 인성교육을 위해 중요하다.

사회정서학습을 인성교육에 적용하는 것의 장점은 무엇보다 기존 **인성교육의 문제점을 보완하는** 역할을 할 수 있다는 것이다. 미국의 경우 사회정서학습이 등장하기 전, 학생의 인성 발달을 위해 취했던 대표적인 노력은 인격교육Character Education이었다. 인격교육의 대표적 학자인 리코나Lickona는 가정 해체와 폭력적이고 선정적인 대중매체, 탐욕과 물질주의를 학생들의 도덕적 일탈 원인으로 지적하고, 학교가 가정 대신 인격교육을 실행함으로써 윤리적 문맹ethical illiteracy을 퇴치해야 한다고 주장했다.[*] 이를 위해 그가 제시한 방법은 학교 공동체 전체가 덕을 계발하기 위해 의도적으로 노력하는 장소가 되는 것이다. 이에 대해 인격교육이 받았던 가장 큰 비판은 학생들의 인성 발달을 위해 기존에 있던 모든 설명과 방법을 포괄하려는 우산 개념일 뿐 새로울 것이 없다는 것이었다. 이 지점에서 사회정서학습 연구자들은 방법 측면에서 사회정서학습이 인격교육을 보완하는 역할을 할 수 있다고 설명한다.

사회정서학습 연구자들은 **옳은 행동을 하고 싶은 것과 실제 성공적으로 해**

---

* Lickona, T.(1991). Educating for Character. New York: Bantam.

낼 수 있는 것을 구분해야 한다고 지적한다.* 그리고 훌륭한 인격을 가진 사람을 훌륭한 기술을 가진 사람으로 묘사한다. 예를 들어 책임은 시간과 임무 관리 기술을, 존중은 공감 기술을, 정직은 자기 인식과 의사소통 기술을, 훌륭한 시민은 문제 해결 능력 및 의사 결정과 갈등 해결 기술을 가진 사람이라고 할 수 있다. 즉 사회정서학습은 도덕적인 기술을 훈련시킴으로써 기존 인격교육의 효과를 높일 수 있다는 장점이 있다. 이는 바람직한 덕목과 인격을 구호처럼 외치거나 감동적인 감화로 가르치고 막연히 실천을 기대하는 데 치중했던 우리나라 인성교육에도 시사하는 바가 있다.

그뿐만 아니라 사회정서학습은 약물과 폭력 예방, 봉사 학습, 학업 참여, 건강 관리를 포함해 인격을 넘어선 폭넓은 주제들을 다루기 때문에 오직 인격에만 초점을 맞춘 접근보다 **아동과 청소년의 긍정적인 발달을 위한 교육적 노력들을 잘 통합할 수 있다**는 장점이 있다. 다시 말해 사회정서학습은 인성과 연관된 다양한 주제를 가진 프로그램들을 통합할 수 있다는 장점이 있다.

사회정서학습이 갖는 또 다른 장점은 인성교육의 여러 측면에서 풍부한 모델을 제공한다는 것이다. 즉 사회정서학습은 정부와 지역 수준의 인성교육 정

---

* Elias, M.J., Kash, V.M., Weissberg, R.P. & O'Brien, M.U.(2007). Social and Emotional Learning, Moral Education, Character Education: A Comparative Analysis and a View Toward Convergence. in Nucci, L.P., Narvaez, D, & Krettenauer, T.(Ed.), Handbook of Moral and Character Education, London: Routledge.

책이나 학교 적용 사례, 효과가 검증된 다양한 전략과 아이디어, 프로그램과 교수 학습 방법 등을 제공함으로써 인성교육에 기여할 수 있다. 특히 사회정서학습은 **연령과 발달 수준에 맞게 다양한 활동과 아이디어를 제공한다**는 장점이 있다. 사실 사회정서학습 프로그램들이 활용하는 교수 학습 방법과 내용 중에는 익숙한 것도 많다. 그럼에도 사회정서학습이 의미가 있는 것은 연령과 발달 수준에 맞는 여러 방법과 내용을 체계적으로 제공하기 때문이다.

끝으로 사회정서학습은 현재 인성교육을 뒷받침하는 이론의 흐름에도 부합한다. 최근, 디지털 기기 사용이 늘어나면서 사이버 중독, 대인관계 기피, 우울 등 심리적 문제가 대두되고 있고, 점차 가속화되고 있는 4차 산업 혁명도 불확실성과 무한 경쟁에 따른 불안 심리를 증폭시킴으로써 건강한 마음과 적극적으로 자기 삶을 주도하는 성품의 함양이 인성교육의 중요한 주제가 되었기 때문이다. 실제로, 최근 30여 년간 진행된 연구들을 보면 '정서 조절 기술', '회복탄력성', '긍정적 정서'에 대한 관심이 증대되었다는 것을 알 수 있다. 즉 사회정서학습은 현재 인성교육을 둘러싼 이론적 담론을 잘 반영하는 접근이라는 점에서 중요하다고 볼 수 있다.

우리나라 인성교육에 적용할 수 있을까? ● ● ●

우리나라의 경우 사회정서학습 실행을 지원할 수 있는 법과 정책이 없어서 사회정서학습을 실시하려면 어렵지 않을지 의구심이 들 수 있다. 하지만 현재 우리나라 **인성교육 종합 계획**은 '컨설팅 지원, 교사 연수, 프로그램 개발과 확산 지원, 각계 부처와의 협력과 네트워크 구축, 학교·가정·지역 사회 연계, 홍보 지원과 재정 뒷받침' 등과 같은 항목을 포함하고 있어 사회정서학습을 정부의 교육 정책으로 실시하는 미국 일리노이주나 싱가포르와 유사점이 있다. 그러므로 사회정서학습을 학교의 인성교육에 적용해 보기 위해 이러한 인프라를 활용한다면, 사회정서학습을 실행에 옮길 수 있다.

그런데 사회정서학습이 외국에서 들어온 것이다 보니 낯설기도 하고 거부감이 있을 수 있다. 아무리 외국에서 유명하다 하더라도 우리나라 교육 환경에 적절하지 않으면 효과가 없고, 시간과 에너지를 낭비하게 되며, 결국 그 피해는 학생들이 안을 수밖에 없다. 그러나 사회정서학습은 앞에서 살펴본 것처럼 우리나라 현재 학교 상황에 매우 필요할 뿐만 아니라 완전히 새로운 것도 아니다. 사회정서학습은 우리의 **전통적인 인성교육과 맞닿은 측면**이 많다. 예를 들어 '자기 인식'에서 출발하는 사회정서학습의 다섯 가지 역량은 **'수신修身'으로부터 출발하는 유·불교 전통**과 연관이 있고, 전통적으로 **'수기치인修己治人'**을 강조해 온 우리에게 친숙한 면이 있다. 또 전통적인 인성교육은 '위기지학爲己之學'이나 '중용지도中庸之道'와 같이 자신의 **도덕적 정서를 인지하고 조절하는 것**을 중요하게 여겼는데, 이 또한 '자기 인식'과 '자기 관리' 역량 함양을 중심으로 한 사회정서학습과 비슷한 부분이 있다. 공자의《논어》를 보면 알 수 있듯이 전통적인 유학은 먼저 자신을 다스리는 것, 즉 자신의 마음을 다스리는 것을 중요하게 여겼다. 유학뿐만 아니라 불교 역시 **마음을 바르게 다스리는 수행**을 강조했다. 사실 사회정서학습에서 많이 활용하는 마음챙김 프로그램들은 불교의 수행법에서 아이디어를 얻어 만들어진 것으로, 어떻게 보면 전통적인 수행법이 역수입된 것이라고 볼 수 있다. 특히 마음을 다스리는 것은 전통 사상에서 많이 연구해 온 분야이므로 사회정서학습과 조화롭게 구성한다면 우리의 전통적인 인성교육을 조화시킨 인성교육 프로그램으로 개발할 수 있을 것이다. 다만 어떻게 조화하느냐는 앞으로 연구자와 교사가 풀어야 할 과제다.

사회정서학습과 민주시민교육

민주시민교육은 우리나라 교육의 중요한 화두다. 민주주의가 발전하면서 제도로서는 어느 정도 자리를 잡았지만 아직 **민주주의를 뒷받침하는 성숙한 시민성이 부족하다는 각성**을 배경으로, 민주주의를 제도로서가 아니라 삶의 방식으로서 성숙시켜야 한다는 요구가 있기 때문이다. 게다가 사회 각계각층 간의 혐오와 갈등은 다양한 사람과 공존하며 살아갈 수 있는 성숙한 시민의식 교육을 요구한다. 기존 민주주의 교육이 민주주의의 가치와 제도에 대한 지식을 전달하고 선거 참여를 독려하는 정도였다면, 이제는 '비판적 사고력, 존중, 배려, 포용, 책임, 참여, 협력, 세계 시민 의식'에 관한 교육으로 패러다임이 변화하고 있다.

이 시점에서 효과적인 민주시민교육의 방법으로 사회정서학습에 주목할 필요가 있다. 사회정서학습의 주요 **사회정서적 역량들이 민주 시민 역량과 밀접한 연관**이 있을 뿐만 아니라 사회정서적 역량을 효과적으로 기르기 위한 사회정서학습의 시스템 역시 **민주시민교육의 효과를 높이도록 활용할 수 있기 때문**이다. 현재 민주시민교육이 추구하는 목표들, 즉 '비판적으로 사고할 줄 알고, 타인의 가치를 존중하고 협력하며, 능동적으로 참여하는 시민'을 기르기 위해서는 **존중·공감·소통·협력할 줄 아는 역량, 갈등과 사회 문제를 윤리적으로 성찰하는 역량, 문제를 책임 있게 해결하고 참여할 줄 아는 역량**을 가르쳐야 한다. 이러한 역량들은 바로 사회정서적 역량의 **'사회적 인식, 대인 관계, 책임 있는 의사 결정 역량'**과 밀접한 관련이 있다. 그러므로 사회정서적 기술 훈련을 통해 역량을 기르는 데 목표를 두는 사회정서학습은 성숙한 시민으로서 필요한 역량을 교육하는 데 효과적으로 활용될 수 있다.

이는 사회정서학습 자체를 민주시민교육을 위해서 실시할 뿐만 아니라 이미 효과적인 민주시민교육 방법으로 제안된 **토론, 자치, 봉사 활동 같은 활동에 사회정서학습을 연계**함으로써도 이루어질 수 있다. 만일 사회정서적 역량에 대한 고려 없이 단순히 토의와 토론만 한다면 학생들은 대립 확인, 자기주장 관철, 다수결 절차에 따른 맹목적 추종, 소수를 무시하는 태도만을 배울지도 모른다. 성숙한 시민 역량을 고려하지 않은 민주시민교육은 민주주의 절차를 이용해 자신의 이익만을 좇는 사람을 양성할지도 모른다. 또한 타인에 대한 적대감과 혐오감을 서슴지 않고 표출하는 사람이 우리 사회에 적지 않다는 사실을 고려한다면, 자기 **스스로에 대한 인식과 관리 역량을 기르는 훈련**을 통해 기본적인 인성과 내면의 교양을 갖춘 사람으로 자랄 수 있도록 가르치는 일도 중요하다. 자기 인식과 관리 역량이 높은 사람은 타인과 협력하는 데서 삶의 의미를 찾고, 사회적 참여를 통한 배움과 성장에서 행복감을 느낄 가능성이 높다. 강력한 **참여민주주의를 유지하기 위해서는 건강한 인간관계가 필요하며, 비판적 사고를 통해 논쟁하는 교육을 하는 이유**는 학생들이 여러 측면에서 듣고 보고 읽은 것들을 이해함으로써 **협력을 하도록** 돕기 때문이다. 다른 사람과 협력하면서 일상을 살아가는 실천 역량을 갖춘 시민이 없다면 성숙한 민주주의를 실현할 수 없다.

유럽의 『민주적 문화 역량 – 문화적으로 다양한 민주주의 사회에서 평등한 존재로서 함께 살아가기 Competences for Democratic Culture – Living together as equals in culturally diverse democratic societies』*는 이러한 문제의식을 보여주는 대표적인 정책 사례이다. 우리나라 민주시민교육 정책에도 많은 영향을 준 이 문서는 민주적 문화 역량을 '가치', '태도', '기술', '지식과 이해'로 나누고, 이 가운데 자율적 학습, 비판적 사고, 경청, 공감, 소통,

---

* Council of Europe(2018), Competences for Democratic Culture – Living together as equals in culturally diverse democratic societies, Council of Europe Publishing.

협력, 갈등 해결 기술을 민주 시민에게 요구되는 기술로 안내한다. 이러한 기술은 상당 부분 사회정서적 기술과 중복된다. 만약 민주시민교육을 민주주의에 관한 지식을 가르치는 것으로만 여긴다면 현실에서 벌어지는 복잡한 갈등은 해결되지 않을 것이다. 즉, 민주주의를 위한 제도와 장치가 제대로 작동하기 위해서는 사회구성원이 나와 가치관이 다른 사람과 소통하고 협력하기 위한 기술을 지녀야 한다. 그러므로 사회정서학습은 효과적인 민주시민교육을 위해서도 중요하다고 할 수 있다.

실제로 사회정서학습과 연계해 민주시민교육을 실시한 사례들은 어렵지 않게 찾을 수 있다. 예를 들어 6장에서 살펴볼 '**역사와 우리 자신 마주하기** Facing History and Ourselves' 같은 프로그램은 사회정서적 기술 훈련을 통해 민주 시민 의식을 기르는 대표적인 프로그램이다. 이 프로그램은 현재 사회에서 논쟁을 벌이는 이슈들을 놓고 공감, 역할 채택, 원만한 의사소통, 책임 있는 의사 결정 기술을 훈련함으로써 민주 시민 의식을 기르고자 한다.

'**제너레이션 시티즌스**Generation Citizens' 프로그램은 사회 참여와 봉사 학습을 통해 민주시민교육을 실시하는데, 이를테면 학생들이 스스로 노숙자를 위한 보호소나 약물중독 치료소를 만들어 내기도 했다.* 주목할 점은 이

---

* https://blogs.edweek.org/edweek/learning_social_emotional/2018/10/civics_is_social_and_emotional.html

프로그램의 교사들은 학제적인 과정을 통해 관심 있는 지역 문제를 설정하고 토론하며 해결 방안을 결정하고, 참여하는 과정을 통해 학생들의 사회정서적 역량을 향상시킴으로써 민주주의를 가르치고자 한다는 사실이다.

이러한 민주시민교육과 사회정서학습의 관계에 착안해 국가 차원에서 민주시민교육 정책을 마련한 사례도 있는데, 바로 앞에서 살펴본 **싱가포르**의 '**인성·시민 교육과정**'이다. 싱가포르의 '인성·시민 교육과정'은 **핵심 역량**을 싱가포르 교육의 **핵심 가치**와 연결해 **참여적인 시민**을 육성하고자 하는데, 이 때 핵심 역량의 한 부분을 사회정서적 역량이 차지한다.

사실 사회정서학습과 민주시민교육을 연계해야 하는 이유가 사회정서학습이 민주시민교육을 하는 데 효과적이기 때문만은 아니다. 사회정서학습 역시 가지고 있는 문제점을 보완하기 위해서는 민주시민교육이 필요하다. 사회정서학습은 종종 갈등을 개인의 책임으로 돌리고 수동적인 시민성을 양산할 수 있다는 비판을 받아 왔다.[*] 이러한 점에서 사회정서학습을 '**비판적 사고력**'을 **강조하는 민주시민교육으로 보완할 필요**가 있다. 또한 학생들의 민주적 토의나 토론에서 이루어지는 '논쟁과 가치에 대한 성찰, 상대에 대한 수용'은 '자기 성찰, 사회적 인식, 책임 있는 의사 결정' 같은 사회정서적 기술을 훈련할

● 김윤경(2017), 〈사회정서학습에 관한 비판과 논쟁 고찰〉, 《윤리교육연구》 43집, 한국윤리교육학회, pp. 201~221.

수 있는 더없이 좋은 기회다. 다시 말해서 민주적인 의사 결정 과정에 참여해 사회정서적 기술을 효과적으로 훈련할 수 있으므로 사회정서학습을 위해서도 민주시민교육이 필요하다.

결론적으로 사회정서학습과 민주시민교육은 **서로의 단점을 보완하고 연계했을 때 시너지 효과를 낸다**는 점에서 적극적으로 연계할 필요가 있다. 어떻게 보면 사회적 존재인 인간이 자신이 속한 공동체, 즉 민주주의 공동체에서 자신의 삶을 성공적으로 살기 위해 필요한 역량이 시민으로서 필요한 역량과 밀접한 관련이 있는 것은 당연하다. 민주시민교육과 사회정서학습은 상호 보완과 효과성 제고를 위해 긴밀한 관련을 갖고 실시해야 할 것이다.

6장

대표적인 사회정서학습 프로그램

사회정서학습을 소개하는 1부를 마치기 전에 대표적인 사회정서학습 프로그램 몇 가지를 함께 살펴보고자 한다. 해외에서는 대부분 효과가 검증된 프로그램들을 활용해 사회정서학습을 실시한다. 이런 프로그램들을 살펴보는 것은 사회정서학습을 구체적으로 이해하는 데 도움이 될 것이다. 일반적으로 사회정서학습 프로그램들은 대부분 **대학 연구 기관이나 비영리 교육 기관**이 재단의 후원을 받아 만든다. 이런 프로그램들 중에는 사회정서학습을 위해 개발된 것도 있지만, 학교 폭력이나 정신건강 문제 등을 해결하기 위해 만들어졌다가 후에 사회정서학습 프로그램으로 인증 받은 것들도 있다. 학교에서 벌어지는 문제들을 해결하기 위해 학생의 사회정서적 역량을 개발하는 데 주안점을 두다 보니 자연스럽게 사회정서학습 프로그램으로 인증 받은 것이다. 이런 경우 장점은 프로그램 시행 역사가 30년이 넘어 더 효과적으로 다듬어졌고, 또 그 효과가 경험으로 입증되었다는 것이다.

그런데 미국의 포털 사이트에서 사회정서학습 프로그램을 찾아보면 너무 많은 프로그램이 검색된다. 종류가 너무 많다 보니 어떤 프로그램이 자신의 학교에 적합한지 찾기 어렵고, 또 적용했을 때 효과가 있는지 알기도 어렵다. 이에 카셀은 엄격하게 평가해서 우수한 프로그램을 셀렉트SELect 프로그램으로 선정하고 가이드에 실어 소개하고 있다. 다음 표는 카셀 가이드에 실린 셀렉트 프로그램 목록이다.*

유치원

- 교육 서클Circle of Education
- 마음챙김 연습과 교실 변화의 기폭제Mindful Practices & Class Catalyst
- 알과 친구들Al's Pals
- 의도적인 지도Conscious Discipline
- 피스워크Peace Works
- 마음의 도구Tools of the mind
- 배움 준비하기Ready to Learn
- 유아를 위한 하이스코프 교육 접근HighScope Educational Approach for Preschool

초등학교

- 건강한 아동 기르기Raising Healthy Children
- 긍정적인 행동Positive Action
- 내 안의 리더Leader In Me
- 교실에서 친절하기Kindness in the Classroom
- 나는 해결할 수 있어요I Can Problem Solve
- 네 가지 알4Rs

---

* https://pg.casel.org/review-programs/(검색일: 2023.05.18)
위 프로그램 목록은 각 프로그램이 효과적인 것으로 입증된 학년이 해당되는 학교급을 기준으로 작성하였다.

- 유능한 어린이, 배려하는 공동체Competent Kids, Caring Communities
- 룰러 접근RULER Approach
- 배려 학교 공동체Caring School Community
- 사회적 기술 향상 시스템 교실 개입 프로그램 Social Skills Improvement System (SSIS) Classroom Intervention Program
- 삶을 위한 핵심 기술Passport Skills for Life
- 열린 서클Open Circle
- 인크레더블 이얼스: 학급경영 프로그램과 공룡 학교 Incredible Years® : Teacher Classroom Management Program & Dinosaur School
- 조화로운 사회정서학습Harmony SEL
- 함께 어울리기Getting Along Together
- 평화 배움 서클Peace Learning Circles

- 미시간 정신건강 프로그램Michigan Model for Health
- 복도 위의 영웅Hallway Heroes
- 사회적 의사 결정/문제 해결 프로그램Social Decision Making/Problem Solving Program
- 세컨드 스텝Second Step® Elementary
- 에듀가이드EduGuide
- 적절하게 읽기reading with relevence
- 창의적 갈등 해결 프로그램Resolving Conflict Creatively Program
- 패스PATHS
- 폭력 예방에 매우 좋은Too good for Violence
- 체인지 메이커: 사회정서학습 교육과정 Changemakers: A Social Emotional Learning Curriculum
- 호응하는 교실Responsive Classroom

중학교

- 청소년용 라이온 퀘스트Lion's Quest : Skills for Adolescence
- 마인드업MindUP
- 효과적인 포괄적 성교육Get Real : Comprehensive Sex Education that Works
- 역사 마주하기 그리고 우리 자신Facing History and Ourselves
- ABC 프리미엄 정서 학교Emotional ABCs Premium Schools
- 이엘 교육EL Education

- 삶의 자산 쌓기, 위험요소 줄이기Building Assets, Reducing Risks (BARR)
- 평화적이고 긍정적으로 대응하기Responding in Peaceful and Positive Ways
- 학생 성공 기술Student Success Skills
- 리더십 프로그램의 폭력 예방 프로젝트Leadership Program's Violence Prevention Project
- 봉사하는 십대 프로그램Teen Outreach Program
- 예비 십대 스파크 멘토링 교육과정SPARK Pre-Teen Mentoring Curriculum
- 모자이크Mosaic

고등학교

- 또래 집단 연결-고등학교Peer Group Connection- High School
- 스파크: 모든 사람에게 내재되어 있는 잠재력, 능력, 회복력 말하기SPARK : Speaking to the Potential, Ability, & Resilience Inside Every Kid

- 숙련된 읽기 훈련Reading Apprenticeship
- 십대 연결 프로젝트Teen Connection Project
- 프로젝트 기반 학습PBL Works

비록 영어로 되어 있고 미국의 교육 환경을 배경으로 만들어진 프로그램들이지만, 이 프로그램들을 살펴보면 사회정서학습이 구체적으로 무엇인지, 또 우리나라 교육에 어떤 식으로 적용할지 아이디어를 얻을 수 있다. 이 중 사용 빈도가 높거나 특징 있는 유형의 프로그램 몇 가지를 소개한다.

룰러 ● ● ●

대상: 유치원 ~ 중학교 2학년

룰러RULER는 SDP 프로그램을 개발했으며 정서 지능 연구의 메카라고 할 수 있는 예일대학교에서 만든 사회정서학습 프로그램이다. 특별히 이 프로그램은 학생들로 하여금 룰러 기술RULER Skill을 습득하도록 한다. **룰러 기술**은 정서에 대한 **인식**Recognizing, **이해**Understanding, **명명**Labeling, **표현**Expressing을 통해 정서를 **조절**Regulating하는 기술을 의미한다. 만약 감정 코칭을 공부한 경험이 있는 독자가 이 프로그램을 살펴본다면 '감정체크판'을 발견하고 반길지 모르겠다. 감정체크판은 유쾌함과 에너지 정도에 따라 감정을 '유쾌하고 에너지가 높은 감정(노랑)', '유쾌하고 에너지가 낮은 감정(초록)', '불쾌하고 에너지가 높은 감정(빨강)', '불쾌하고 에너지가 낮은 감정(파랑)'의 네 영역으로 분류하고, 자신의 감정을 정교하게 표시할 수 있도록 만든 표다. 룰러는 이와 같은 감정체크판을 활용해 학생들의 **정서문해력**을 **향상**시킴으로써 스스로 정서를 조절할 수 있는 역량을 기르고자 한다. 어떻게 보면 우리나라에 많이 소개된 감정 코칭은 룰러 프로그램에서 생활지도 부분에 초점을 맞춘 것이라고 할 수 있다.

연구에 따르면 룰러를 배운 초등학생들은 학업 성적이 오르고, 친사회적 행동이 늘어났으며, 학교 분위기도 긍정적인 방향으로 변화되었다고 한다.

세컨드 스텝 ● ● ●

대상 : 유치원~중학교 2학년

세컨드 스텝 Second Step은 비영리 기관인 아동권익 위원회Committee for Children가 만든 것으로, 현재까지 가장 널리 사용되는 프로그램으로 알려져 있다. 처음 만들었을 때는 아동과 청소년 비행을 줄이고 학교 폭력을 예방하는 데 초점을 맞추었는데, 현재는 아동과 청소년이 더 성공적인 삶을 살 수 있도록 사회정서적 역량을 키우는 것으로 초점이 조금 옮겨졌다. 하지만 **문제 행동을 예방하고 안전한 학교를 만드는 것**은 여전히 세컨드 스텝의 주요 목표다. 세컨드 스텝은 공감, 문제 해결 능력, 정서 관리를 통해 문제 행동을 감소시키려고 한다. 실제로 프로그램의 효과를 측정한 연구에 따르면, 세컨드 스텝에 참여한 중학생들은 **공격적인 행동이 감소하고 타인의 입장에서 생각하고 문제를 해결하는 능력이 증가**했다고 한다.

패스

• • •

대상 : 유치원~초등학교

패스PATHS는 'Promoting Alternative Thinking Strategies'의 약자로 '**대안적 사고 전략 증진**' 프로그램이다. 대표적인 사회정서학습 학자 그린버그 Greenberg가 주도해서 만든 패스는 여러 나라에서 널리 활용되는 프로그램이기도 하지만, 30여 개가 넘는 연구를 통해 효과가 증명되어 **우수한** 사회정서학습 프로그램으로 잘 알려져 있다. 평화적인 갈등 해결, 감정 조절, 공감, 책임 있는 의사 결정 능력 함양에 초점을 두고 있으며, 학교 교육과정에 맞추기 쉽도록 간단한 명시적 수업들과 교과 연계 수업으로 구성되어 있다. 특히 '**거북이처럼 하기 기술**'은 패스에서 활용하는 효과적인 분노 조절 방법으로 잘 알려져 있다. 이 기술에 대해서는 사회정서학습의 교수 학습 방법을 설명하는 2장에서 자세히 언급했다.

사회적 의사 결정하기/사회적 문제 해결하기(SDM/SPS)

• • •

대상 : 유치원~중학교 2학년

SDM/SPS는 'Social Decision Making/Social Problem Solving'의 약자로 '**사회적 의사 결정과 사회적 문제 해결 프로그램**'이다. 이 프로그램은 **사회**

적 문제 해결 능력에 초점을 맞춘 것으로 주로 '자기 관리하기', '사회적 인식하기', '사회적 의사 결정하기'를 가르친다. 이 프로그램이 앞의 프로그램들과 다른 점은 프로그램을 툴키트Toolkit가 아니라 교재, 즉 **책**으로 제공한다는 점이다. 이는 앞의 프로그램들이 기관 같은 단체에서 개발한 것인 데 반해, 개발자가 교장 선생님으로 재직할 때 실험했던 경험을 바탕으로 프로그램을 만들었기 때문이다.

특히 중요한 차이점은 감정을 인식하고 조절하는 것보다는 현명한 행동을 선택하는 것을 더 강조한다는 사실이다. 물론 정서를 확인하고 조절하는 것이 SDM/SPS에서도 중요하지만 앞서 제시했던 프로그램들에 비하면 **친사회적이고 비판적인 사고 능력 함양**에 조금 더 무게 중심을 둔다고 볼 수 있다. 앞서 살펴보았듯이 사회정서학습 프로그램들은 주로 차별적 정서이론과 사회인지이론에 근거해서 프로그램을 만든다. 정서문해력 함양에 초점을 둔 프로그램이 차별적 정서이론에 근거한 것이라면, SDM/SPS는 상대적으로 사회인지이론에 근거해서 현명한 선택을 하는 기술을 훈련하는 데 초점을 둔 프로그램이라고 할 수 있다. 다음은 SDM/SPS의 핵심 내용이라고 할 수 있는 **'명확한 사고 전략 8단계'**다.

- 1단계: 정서 확인하기
- 2단계: 문제 확인하기

- 3단계 : 목표 설정하기

- 4단계 : 해결 방안 생각하기

- 5단계 : 결과 예상하기

- 6단계 : 최상의 해결 방안 선택하기

- 7단계 : 최상의 해결 방안 실행을 계획하고 실천하기

- 8단계 : 발생한 결과 파악하기

SDM/SPS는 여러 문제 상황에서 이와 같은 사고 단계들을 거치는 것을 계속 반복 연습시켜 실제 삶에서 활용할 수 있도록 한다. 그런데 행동의 결과를 생각해 보고 선택하려면 아무래도 학생들이 좀 더 어려운 사고를 할 수 있는 수준이 되어야 한다. 그러므로 SDM/SPS는 초등학교 저학년보다는 고학년부터 중학교 학생들에게 적절한 면이 있다. 또 '명확한 사고 전략 8단계'는 감정과 행동의 폭발과 실수가 잦은 아이들의 행동을 수정하는 데 타깃을 맞췄으므로 공격적인 성향이 많거나 분노를 조절하지 못해 자신에게 불리한 선택을 하는 학생들이 많은 학급 또는 학교에서 사용하기에 더 적절한 프로그램이라고 할 수 있다.

역사와 우리 자신 마주하기　●●●

대상 : 중학교～고등학교

'**역사와 우리 자신 마주하기**Facing History and Ourselves'는 주로 고등학교에서 많이 사용하는 대표적인 셀렉트 프로그램이다. 이 프로그램은 인종 차별, 전쟁과 인간성 파괴, 이민자 문제 등과 관련된 **역사적 사건이나 문학 작품**을 가르침으로써 학생들의 민주 시민으로서의 자질과 사회정서적 역량을 기르고자 한다. 이를테면 인종 차별을 다룬 소설《앵무새 죽이기》나 '홀로코스트', '난징학살' 같은 역사적 사건을 다룬 텍스트나 영상을 수업 자료로 제시하고 토론과 비판적인 글쓰기 등을 통해 윤리적 성찰을 하도록 한다.

언뜻 보기에 사회정서학습 프로그램이 맞는지 의아해할 수도 있지만, 이는 이 프로그램이 민주 시민을 기르기 위해 학제적 접근을 취하기 때문이다. 다음 삼각형은 '역사와 우리 자신 마주하기'가 소개하는 프로그램의 목표 체계다.

즉 이 프로그램은 **비판적 사고**, **정서적 역량** 그리고 **윤리적 성찰**을 통해 **책임 있는 민주 시민**을 기르고자 한다. 이때 논리적으로 비판하고 사고하는 능

력뿐만 아니라 차별받는 사람들에 대해 공감할 수 있는 능력, 그리고 사회적 이슈에 대해 논쟁할 때 감정을 조절하고 원만하게 의사소통할 수 있는 역량 역시 중요하게 여기기 때문에 사회정서학습 프로그램으로 인증받았다.

마인드업 ● ● ●

대상 : 초등학교 ~ 중학교

마인드업MindUp은 마음챙김 명상을 통해 사회정서적 역량을 기르는 프로그램으로, 최근 몇 년간 활용 빈도 수가 크게 증가해 주목받고 있다. **마음챙김**mindfulness

은 호흡을 통해 지금, 여기에 있는 나를 알아차리는 명상 방법을 의미하는데, 본래 불교의 수행법에서 아이디어를 얻어 우울증, 만성 스트레스 환자 등을 대상으로 한 심리치료법이었다. 그런데 스트레스 환자뿐만 아니라 일반인의 정신건강을 위한 명상 방법으로 널리 활용되기 시작하면서 현재는 대중에게 많이 알려졌다.

마인드업은 영화배우 골디 혼이 만든 재단에서 개발했다. 배우로서 스트

레스가 많았던 골디 혼은 젊은 시절 마음챙김을 접하고, 9·11테러 이후 사람들을 위해 무언가 하지 않으면 안 되겠다고 느끼며 재단을 만든다. 그러고는 신경과학자, 심리학자, 교사, 명상 수행자와 함께 마인드업 프로그램을 개발한다. 마인드업은 지난 10여 년간 적용한 결과 **삶에 대한 긍정적인 태도**와 **친사회성**이 증가하고, **성적이 향상되는** 등 효과를 증명했다.

앞서 살펴보았던 사회정서학습 프로그램들과 마인드업이 다른 점은 '**스트레스 감소**'와 '**회복탄력성 향상**'에 좀 더 초점을 둔다는 것이다. 이는 마음챙김을 통해 학생들이 자신과 주변을 잘 관찰하면서 더 건전하고 현명하며, 연민 어린 선택을 할 수 있도록 변화하기 때문이다. 이 밖에 **러닝 투 브레드** L2B(Learning to BREATH), **마인드 예티**Mind Yeti 같은 프로그램도 우수한 마음챙김 프로그램이자 사회정서학습 프로그램으로 알려져 있다. 러닝 투 브레드는 마음챙김에 기초해 감사와 연민의 감정을 길러 줌으로써 스트레스를 관리할 수 있도록 하는 데 초점을 두는 프로그램으로, 대상이 청소년이기 때문에 미국의 많은 중고등학교에서 활용하고 있다. 마인드 예티는 세컨드 스텝을 만든 아동위원회에서 만든 마음챙김 프로그램으로, 유치원부터 초등학교

5학년까지 학생과 부모가 대상이다. 특히 이 프로그램은 부모를 효과적으로 참여시킬 수 있는 내용들을 포함해 가정을 연계할 수 있다는 것이 특징이다.

지금까지 미국에서 많이 활용되는 대표적인 사회정서학습 프로그램들을 살펴보았다. 이들 프로그램의 공통적인 특징은 체계적인 사회정서학습을 실시하기 위해 교직원 연수를 제공하고, 코칭 전문가를 파견한다는 점이다. 또한 온라인 플랫폼 등을 통해 가이드와 교재, 교구, 교수 학습 자료를 안내해 사회정서학습 프로그램 실행을 체계적이면서도 활용하기 쉽게 알려 준다. 특히 미국의 경우 대개 사회정서학습을 실시하려는 학교는 이와 같은 상업적인 프로그램을 구매하는 경우가 많은데, 이는 사회정서학습 프로그램 **툴키트**을 구입해서 활용하는 것만으로도 사회정서학습을 쉽게 시작할 수 있기 때문이다. 초등학생 이하 어린 아동을 대상으로 한 프로그램의 툴키트 안에는 어린 아동들이 좋아하는 퍼펫 인형이나 스티커, 색감 있는 포스터와 카드들이 들어 있어 흥미를 유발한다. 또한 교사용, 학생용, 관리자용 등 다양한 툴키트는 교재와 교구뿐만 아니라 실행과 평가를 위한 안내서까지 포함하고 있어 사회정서학습을 쉽게 실행할 수 있도록 돕는다.

그런데 이와 같은 프로그램들을 구하기가 쉽지 않은 우리나라 상황에서는 어떻게 사회정서학습을 실시할 수 있을지 고민이 될지도 모르겠다. 또는 이처럼 상업적인 교육 시장 환경이 바람직한지 의문이 들 수도 있다. 하지만 **사회정서학습이 꼭 상품화된 패키지 프로그램들을 통해 실시되는 것만은 아니다.**

미국의 서점에는 교사들이 나름의 방법으로 만든 사회정서학습 프로그램을 소개하는 책들이 진열되어 있고, 싱가포르에서는 학교별로 교사들이 학생의 특성에 맞는 프로그램을 스스로 만들어 활용하기도 한다.

무엇보다 우리나라에서 활용할 수 있는 사회정서학습 프로그램이 전혀 없는 것도 아니다. 많지는 않지만 우리나라 학생을 위한 사회정서학습 프로그램을 개발해서 담아낸《초등학생을 위한 사회정서학습 프로그램》(신현숙 외, 2019)과 《중학생을 위한 사회정서학습 프로그램 교사용 지도서》,《중학생을 위한 사회정서학습 프로그램 학생용 워크북》(신현숙 외, 2015)도 있고, '마음챙김'에 대해서는 더 많은 책이 출판되어 있다. 또 교육부는 사회정서학습 프로그램과 관련한 인성교육 프로그램들을 우수한 프로그램으로 인증해 무료로 활용할 수 있도록 안내하고 있다.* 그러므로 우리나라에서도 학교와 학생, 교사에게 적절하면서도 특색 있는 사회정서학습 프로그램을 얼마든지 만들 수 있다. 다만 지금까지 소개한 미국의 사회정서학습 프로그램들이 많은 적용 경험을 통해 다듬어지고 효과 또한 검증되었으므로 참고할 필요가 있다고 생각한다. 또한 이를 참고해 우리나라 학생의 요구와 특성에 맞는 사회정서학습 프로그램을 개발하는 것이 교육 연구자와 관련 기관의 과제이기도 하다.

---

* 미리네, 학교 미디어 교육 지원 플랫폼(https://www.miline.or.kr/)〉인성교육〉프로그램/지도자료

사회정서학습
실행하기

Social and Emotional Learning

2부에서는 실제로 사회정서학습을 학교에서 실행하려면 어떠한 사항들을 고려하고, 구체적으로 계획을 어떻게 세워야 하는지 알아본다. 1부에서 살펴보았듯이 사회정서학습은 학교 안팎에서 벌어지는 교육 활동 전체를 통합적이고 체계적으로 조정함으로써 아동과 청소년의 사회정서적 발달을 꾀하고자 한다. 그런데 교육 활동을 통합하려면 여러 사람이 소통하고 협력하는 과정이 반드시 뒤따른다. 만일 체계적인 절차가 없다면 여러 노력이 중구난방으로 이루어지면서 애초의 의도와 달리 에너지만 낭비할 가능성이 높아진다. 한편 프로그램을 원활하게 실행하기 위해서는 여러 지원도 필요하다. 그러므로 2부에서는 먼저 사회정서학습을 통합적으로 실시하기 위해 따라야 하는 '실행 과정, 다양한 지원을 통합하는 방법'들을 살펴보려고 한다. 또한 '명시적 학습, 교과 및 생활지도, 가정 연계'를 위해 계획을 세울 때 어떠한 점들을 고려해야 하는지 알아봄으로써 실제로 사회정서학습을 실행할 때 필요한 구체적인 정보들을 제공하고자 한다.

7장

학교 전체에서
사회정서학습 실행하기

사회정서학습과 전체학교접근 • • •

사회정서학습은 기본적으로 '전체학교접근schoolwide approach'을 취한다.
전체학교접근이란 어떤 교육의 목표를 달성하는 데 영향을 미치는 모든 요소
들을 포괄적으로 조정하는 학교 개입 방식을 뜻한다. 사회정서학습은 교실,
학교, 가정, 지역 공동체의 모든 요인을 체계적으로 조정하여 학생 모두가 사
회정서학습을 자기주도적으로 학습하게끔 함으로써 교육적으로 공정한 결과
를 낳고자 한다.

사회정서학습이 전체학교접근을 강조하는 것은 교실 안팎의 모든 영역에
서 사회정서학습을 실시할 때 지속적이고 높은 효과를 거둘 수 있기 때문이다.

그동안 실행된 사회정서학습 프로그램의 효과를 메타분석한 연구 결과에 따르면, 효과적인 사회정서학습 프로그램은 '사회정서적 기술을 연습하기 위해 조정된 일련의 활동'과 '배운 기술을 연습할 수 있는 충분한 기회'를 포함하는 공통적인 특징이 있었다. 또한 학교 시스템의 질, 교사의 전문성, 긍정적인 풍토도 사회정서학습의 효과에 영향을 미치는 중요한 요인인 것으로 나타났다.[•] 이에 카셀은 전체학교접근의 체계적인 실행을 안내하기 위한 플랫폼 (https://schoolguide.casel.org/)을 마련하여 사회정서학습 실행 절차를 안내하고 효과적인 실행을 점검할 수 있도록 하고 있다.

사회정서학습 실행 과정 •••

사회정서학습을 학교 현장에서 실시하기 위해 우선 고려해야 할 것은 실행 과정이다. 실행 과정을 염두에 두고 사회정서학습을 시작하는 것과 그렇지 않은 것은 많은 차이가 있기 때문이다. 사회정서학습은 실행 과정을 염두에 두고 따랐을 때 더 체계적이고 일관성이 있으며, 교육 효과도 높다. 또한 실행 과정은 앞으로 해야 할 것이 무엇이고 부족한 부분이 무엇인지를 알려 주어

• Durlak J.A., Weissberg R.P., Dymnicki A.B., Taylor R.D., Schellinger K.B.(2011). The impact of enhancing students' social and emotional learning: a meta-analysis of school-based universal interventions. Child Dev. 405-32.

사회정서학습을 더 쉽게 실행할 수 있도록 돕는다.

다음은 카셀이 안내하는 사회정서학습의 실행 과정을 그림으로 나타낸 것이다.

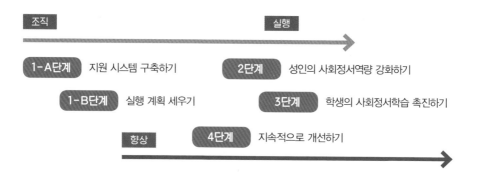

위 그림에서 각 단계들은 시간적인 순서라기보다는, 사회정서학습을 시작하고 추진하며 개선하는 데 도움이 되는 과정상의 요소들을 분류하여 나열한 것이다. 실제 학교 현장에서 사회정서학습이 실시되는 과정은 단일하지 않으며, 준비·실행·점검이 동시에 일어나는 경우도 많다. 이에 카셀은 선형적인 절차를 제시하는 것은 부적절하다는 인식 아래 단계별 주요 과제들을 포함하는 실행 절차를 안내하고 있다. 하지만 처음 사회정서학습을 실시할 때는 1단계부터 시작하는 것을 권장하며 각 단계에 해당하는 추진 과제를 완수했다고 판단되면, 다음 단계의 사항들을 고려하면 된다. 다음 표는 실행 과정의 세부추진 사항을 정리한 것이다.

과정	단계	중점 과제	세부 추진 사항
조직	1-A	지원 시스템 구축하기	① 추진 팀 구성하기
			② 사회정서학습의 필요성 공유하기
			③ 소통 전략 세우기
	1-B	실행 계획 세우기	① 목표 설정하기
			② 계획하기
			③ 예산과 시간 확보하기
실행	2	성인의 사회정서역량 강화하기	① 교직원의 전문성 강화하기
			② 교직원의 사회정서역량과 문화적 역량 점검하기
			③ 교직원 협력 체계 마련하기
			④ 교직원의 모델링 지원하기
	3	학생의 사회정서학습 촉진하기	① 지지적인 교실 환경 조성하기
			② 명시적인 수업하기
			③ 사회정서학습과 연계하여 생활지도하기
			④ 문화 다양성 고려하기
			⑤ 긍정적인 학교 풍토 조성하기
			⑥ 증거기반 사회정서학습 프로그램 실행하기
			⑦ 학생 참여 촉진하기
			⑧ 학생 생활 지원하기
			⑨ 회복에 초점을 둔 지도 규정 실행하기
			⑩ 가정 연계하기
			⑪ 지역 연계하기
개선	3	지속적으로 개선하기	① 지속적인 개선을 위해 지원하기
			② 지속적인 개선을 촉진하는 시스템 구축하기

사회정서학습 실행 과정은 크게 '조직, 실행, 개선' 부분으로 나뉜다. '조직'은 학교 전체 공동체를 사회정서학습 실행을 위한 협력자로 참여시키고 계획을 세우는 단계들로 구성된다. '조직'은 사회정서학습의 지속적인 실행을 위한 기초라는 점에서 중요하다. '실행'은 교직원과 학생이 사회정서학습에 참여하는 단계들로 구성된다. '실행'에 포함된 지침들은 효과적인 실행을 지원하기 위한 사항들을 안내한다. '개선'은 데이터에 근거하여 조치를 취하는 단계이다. '개선'은 사회정서학습을 효과적으로 실행하기 위해 필수적인 지침들을 포함한다.

1-A단계 지원 시스템 구축하기

이 단계는 사회정서학습의 실행을 이끌 팀을 구성하고, 사회정서학습의 필요성을 공유하며, 소통 전략을 개발하는 단계이다. 사회정서학습 팀은 사회정서학습이 일시적인 행사에 그치지 않고, 집단적 지혜를 통해 운영되며, 실행과정에서 발생할 수 있는 갈등을 조정할 수 있는 역할을 한다. 우리나라의 경우라면 인성교육부나 연구부가 사회정서학습을 추진하는 팀 역할을 할 수 있을 것이다. 하지만 사회정서학습을 실시하고자 하는 교사가 전문적 학습 공동체나 연구 동아리를 조직해서 사회정서학습의 실행을 이끌어 가는 것도 가능하다. 사회정서학습 팀은 사회정서학습을 동료 교사들에게 알림으로써 사회정서학습이 우리 학교에 왜 필요한지 인식하게끔 할 수 있다.

소통 전략은 모든 이해 관계자들이 양방향으로 소통할 수 있는 전략을 의미한다. 사회정서학습에 대한 전체학교접근 방식은 모든 직원, 교사, 학생, 가족, 학교 밖 시간 파트너 및 기타 커뮤니티 파트너의 지속적인 협력을 강조한다. 소통을 통해 사회정서학습을 실시하고자 하는 교사는 사회정서학습을 시작하고 효과적으로 추진하는 데 필요한 기본적인 지원을 얻을 수 있다.

그런데 사회정서학습을 학교 전체가 아니라 일부 학년이나 몇몇 교사 또는 담임 교사가 홀로 자신의 학급에서 실시하려고 한다면 이러한 단계의 과제들이 부담스러울 수 있다. 하지만 사회정서학습을 통해 효과를 거두려면 학년부 또는 인성교육부 같은 관련 부서의 지원 약속을 받는 것은 중요하다. 그래야 협조를 얻어 사회정서학습을 수월하게 실시할 수 있기 때문이다. 만일 다른 선생님들 모르게 혼자 사회정서학습을 실행하고자 한다면 실시하는 동안 필요한 예산을 구하고 교육과정을 조정하고 위기 학생을 위한 지원을 얻느라 많은 시간과 에너지를 쓸 가능성이 높다. 따라서 사회정서학습을 효과적으로 실행하기 위해서는 동료들과 효과적으로 소통하기 위한 전략을 미리 마련해 두는 것이 유용하다.

1-B단계 실행 계획 세우기

다음은 계획을 세우는 단계이다. 이 단계는 사회정서학습을 통해 달성하고자 하는 목표를 설정하고, 1년 동안 사회정서학습을 실행하기 위한 계획을 구체화하며, 예산과 시간을 확보하는 사항을 포함한다.

목표를 설정할 때는 학교 구성원의 의견을 토대로 명확하게 세워야 하며, 세운 목표는 학교 구성원 전체와 공유해야 한다. 사회정서학습 실행 팀은 연수를 하거나 안내물을 만들어 교직원과 학생, 학부모에게 '사회정서학습이 무엇인지, 사회정서학습을 통해 어떤 성과를 거두길 기대하는지' 알림으로써 목표의식을 공유하고 협조를 구할 수 있다. 계획을 세울 때는 '사회정서학습을 실시하는 목적이 무엇인지, 어떤 요구와 자원이 있는지, 목표에 도달할 수 있는 효과적인 방법은 무엇인지, 지금 잘 진행되고 있는지'를 고려하는 것이 중요하다. 예산과 시간의 확보는 사회정서학습을 안정적으로 추진하기 위해 중요하다. 교직원의 전문성 향상을 위한 연수와 자료 구입을 위한 예산뿐 아니라 교직원이 소진되지 않고 사회정서학습에 참여할 수 있게끔 시간적 여유를 확보해야 한다.

2단계 성인의 사회정서역량 강화하기

2단계는 학교에 있는 성인의 전문성을 강화하고, 사회정서역량과 문화적 역량을 점검하며, 교직원 간의 협력 체계를 구축하고, 학교의 성인 모두가 학생들에게 사회정서역량의 모델이 될 수 있도록 지원하는 내용을 포함한다. 사회정서학습은 교사부터 급식실 직원에 이르기까지 학교에서 일하는 모든 성인의 역할을 강조한다. 학생이 생활하는 모든 영역이 학생의 사회정서역량 향상에 영향을 줄 수 있기 때문이다. 특히, 교사의 스트레스는 학생의 성취에 영향을 주기 때문에, 학교는 교사가 사회정서역량 향상을 통해 스트레스를 잘 관리할 수 있도록 안내할 필요가 있다.[•]

교직원의 전문성 강화를 위한 내용에는 효과적으로 사회정서학습을 실시하는 것에 관한 연수나 코칭이 포함될 수 있다. 또한 체크리스크나 면담 등을 통해 교직원에게 자신의 사회정서역량과 문화적 편견에 대해 성찰할 수 있는 기회를 제공하는 것도 중요하다. 협력 체계를 만드는 데에는 전문적 학습 공동체나 동료 장학 계획을 마련하는 것이 포함될 수 있다. 또 교직원 회의의 주제로 사회정서학습을 포함시키는 것도 협력을 위한 구조를 형성하는 한 방안이다. 교직원의 모델링은 학생과 학부모에게 교사가 사회정서역량을 발휘하는 모델이 될 수 있도록 지원하는 것이다. 이를 위해서는 사회정서학습을 주도하는 팀에게 리더십 개발 프로그램에 참여할 기회를 주고, 동료를 인정, 칭찬, 감사하는 교직원 문화를 조성하는 것이 필요하다.

3단계 학생의 사회정서학습 촉진하기

이제 본격적으로 사회정서학습을 실행하는 단계이다. 이 단계는 학생들이 사

• Durlak, J.A.(2016), What everyone should know about implementation, Handbook of Social & Emotional Learning Reaserch & Practice, NY: Guilford.

회정서학습을 할 수 있도록 교실, 학교, 가정 및 지역 공동체 전반을 조정하는 구체적인 사항들을 포함한다. 여기에는 '지지적인 교실 환경 조성하기, 명시적인 수업하기, 사회정서학습과 연계하여 생활지도하기, 문화 다양성 고려하기, 긍정적인 학교 풍토 조성하기, 증거 기반 사회정서학습 프로그램 실행하기, 학생 참여 촉진하기, 학생 생활 지원하기, 회복에 초점을 둔 생활 규정 마련하기, 가정 연계하기, 지역 연계하기'가 포함된다.

사회정서학습이 전체학교접근을 취하기 때문에, 이 단계는 일회적인 프로그램이나 교수법 이상의 것을 요구한다. 학생은 환경과 상호 작용하여 변화하기 때문에 학생의 사회정서역량을 향상시키려면 교실, 학교, 가정 및 지역 공동체의 모든 영역에 대해서 전략을 마련해야 한다.

한 가지 유의할 점은 미국의 경우 프로그램을 구입해서 활용하는 경우가 많기 때문에 증거기반의 프로그램을 실행하면 되지만, 우리나라는 미국과 환경이 다르므로 교사가 직접 사회정서학습 프로그램을 개발하는 경우가 많다는 것이다. 앞 장에서 언급한 바와 같이 우리나라에도 개발된 프로그램이 적지 않으므로 참고해서 학교의 특성과 교사의 바람에 맞게 재구성하는 일이 필요하다.

4단계 지속적으로 개선하기

마지막 4단계는 지속적인 개선을 지원하는 것과 이를 위한 시스템을 구축하는 사항을 포함한다. 이 단계는 사회정서학습 적용에 대한 학교 구성원의 만족도나 효과에 대한 인식, 요구 사항, 사회정서역량의 향상 정도에 관한 정보들을 수집하는 것과 프로그램을 개선할 수 있는 구조화되고 지속적인 절차를 구축하는 사항을 포함한다.

학교 전체에서 사회정서학습을 실시하기 위해서는 지속적인 개선 과정이 중요하다. 사회정서학습을 실행하다 보면 원활한 추진을 방해하는 변수나 효과를 제고할 수 있는 새로운 아이디어를 만나기도 한다. 그러므로 문제를 해결하고 개선하기 위한 의도적이고 체계적인 절차를 마련하는 것이 필요하다. 다음에서 소개할 루브릭은 이를 위한 도구 가운데 하나이다.

루브릭의 활용   • • •

카셀은 지금까지 설명한 사회정서학습의 실행 과정을 담은 루브릭을 제공한다. 또 많은 사회정서학습 패키지 프로그램이 이런 루브릭을 포함하고 있다. 루브릭은 과제를 잘 수행했는지 평가 기준을 모아 놓은 것이다. 다음 두 개의 표는 실제로 카셀이 제공하는 사회정서학습 루브릭 점검표다. 표는 각 단계와 사항별로 과제를 얼마나 잘 수행했는지 평가할 수 있도록 만들어졌다. 〈개별 점검표〉가 교사별로 점수를 매기는 것이라면, 〈전체 통계표〉는 교사들이 매긴 점수의 평균을 낼 수 있도록 만든 것이다.

〈개별 점검표〉

단 계		매우 잘 실행함	잘 실행된 편임	부분적으로 실행함	거의 실행되지 않음
1-A	①	4	3	2	1
	②	4	3	2	1
	③	4	3	2	1
1-B	①	4	3	2	1
	②	4	3	2	1
	③	4	3	2	1
2	①	4	3	2	1
	②	4	3	2	1
	③	4	3	2	1
	④	4	3	2	1
3	①	4	3	2	1
	②	4	3	2	1
	③	4	3	2	1
	④	4	3	2	1
	⑤	4	3	2	1
	⑥	4	3	2	1
	⑦	4	3	2	1
	⑧	4	3	2	1
	⑨	4	3	2	1
	⑩	4	3	2	1
	⑪	4	3	2	1
4	①	4	3	2	1
	②	4	3	2	1

〈전체 통계표〉

단 계		점수별 빈도 체크				전체 평균
		4	3	2	1	
1-A	①					
	②					
	③					
1-B	①					
	②					
	③					
2	①					
	②					
	③					
	④					
3	①					
	②					
	③					
	④					
	⑤					
	⑥					
	⑦					
	⑧					
	⑨					
	⑩					
	⑪					
4	①					
	②					

〈전체 통계표〉에서 교사들의 개별 평가를 합산한 평균 점수가 '대체로 그렇다'는 3점 이상이면, 다음 단계로 넘어가거나 해당 점검 사항이 잘 실행되었다고 판단할 수 있다. 이런 루브릭을 자주 활용한다면 사회정서학습을 효과적으로 실행할 수 있도록 도울 수 있겠지만, 일일이 문서로 체크하고 수집하고 통계를 낸 다음 그때마다 협의를 하면 시간과 에너지 소모가 많을 수밖에 없다. 그러므로 엄격하게 점검하기보다는 루브릭의 사항들을 유념하면서 실행하는 것이 중요하다. 하지만 두세 번 정도 문서로 점검하는 것은 효과적인 실행을 위해 필요한 일이다.

사회정서학습의 효과는 대부분 2년 이상 지속적으로 실시했을 때 나타난다고 알려져 있다. 사회정서학습은 각 학교의 요구와 특성에 맞게 수정되고 교사가 발전하면서 효과가 더욱 증가할 수 있다. 첫 번째 해에 완만하게 변화했다면, 조정을 거친 두 번째 해에는 프로그램이 효과를 나타내기 시작하면서 더 많은 변화를 이끈다.[•] 그런데 이러한 순서를 꼭 그대로 지켜야 하는 것은 아니다. 이 절차들의 순서는 뒤죽박죽 섞일 수도 있고, 중복되어 진행될 수도 있다. 다만 이러한 사회정서학습 실행 루브릭은 각 시점에서 수행해야 할 과

• Elbertson, N. A., Brackett M. A. & Weissberg, R. P.(2010), "School-based social and emotional learning programming: Current Perspectives", in Second International Handbook of Educational change, Springer International Handbook of Edcation 23, NY: Springer Science+Business Media, p. 1023

제와 앞으로 진행해야 할 과제가 무엇인지 알려 주는 역할을 한다. 그러므로 교사는 루브릭이 알려 주는 일반적인 단계대로 사회정서학습을 실행해 나가지만, 순서는 얼마든지 바꿀 수 있다. 중요한 것은 현재 루브릭 3단계라고 했을 때 2단계까지 빼먹은 것이 있는지 확인하고, 다음에는 어떤 단계로 나가야 하는지 인지하는 것이다.

1부에서 강조했던 것처럼 사회정서학습은 단순히 감정을 강조하는 교육이 아니라 아이들의 사회정서적 역량을 발달시키기 위해 학교 전반의 교육 활동을 체계적으로 조정하는 과정이다. 그러므로 이번 장에서 살펴본 실행 과정은 체계적인 실행을 위해 중요하다. 이러한 절차가 번거롭고 복잡해 보여도 필요한 이유는 이 때문이다. 다음 장에서는 사회정서학습을 실행하기 위해 어떤 지원들이 있고 어떻게 통합할 수 있는지 살펴보도록 하자.

8장

다양한 지원 통합하기

앞 장의 사회정서학습 루브릭을 보면 교사들이 함께 연구하고, 연수도 받아야 하며, 협의도 하고, 서적과 교구를 구입하기 위한 재정 지원도 받아야 하며, 사회정서학습 수업과 생활지도 방법에 관한 정보도 구해야 한다. 그런데 어디서 이런 정보를 얻고 지원을 받을 수 있을까? 자세히 설명한 바와 같이 교육 정책 등 **다양한 지원은 사회정서학습을 실행하기 위해 매우 중요**하다. 충분하고 유연한 재정, 실행 매뉴얼, 교직원 연수, 자문, 네트워크, 연구 지원 등은 사회정서학습이 효과적으로 실행될 수 있도록 돕는 역할을 한다. 이런 지원이 중요하기 때문에 카셀은 학군, 주정부, 연방정부 단위에서 사회정서학습을 지원하기 위한 정책을 만들도록 요구해 왔고, 실제로 많은 정책과 법이 생겨났다.

하지만 우리나라에는 미국처럼 사회적·정서적 학습을 위한 지원법이나 일리노이주의 아동정신건강법 같은 법이 없기 때문에 기존의 지원 정책들을 검토해서 활용해야 한다. 현재 우리나라에서 사회정서학습 실행과 관련해 지원받을 수 있는 가장 중요한 교육 정책은 **인성교육 정책**이다. 인성교육 기본 계획에 따라 교육부와 지역 교육청이 인성교육을 강화하기 위한 교사 연수, 인성교육 교재, 인증된 인성교육 프로그램들을 제공하고 있다. 대표적으로 한국청소년정책연구원 미리네 홈페이지(https://www.miline.or.kr/)에 사회정서학습 프로그램을 실행하기 위해 참고할 만한 자료들이 안내되어 있다.

또한 교육과정평가원에서 운영하는 꾸꾸 사이트(http://www.basics.re.kr)는 사회정서역량 향상 지원 프로그램, 사회성 기술 훈련 프로그램, 정서조절을 통한 학습동기 향상 프로그램, 회복탄력성 프로그램뿐 아니라 학생의 사회정서역량 및 자기조절을 진단할 수 있는 검사 도구를 제공하고 있다.

이 밖에도 요즘은 **대학교 부설 인성교육센터**에서 지원하는 인성교육 프로그램들이 있고, 무료인 것이 많아 이를 활용해서 사회정서학습을 용이하게 실시할 수 있다. 요즘 **감정카드**를 활용하는 방법이나 **감정 코칭, 회복적 생활 교육, 비폭력 대화, 행복 수업** 등에 관한 연수들이 많은데, 비록 사회정서학습이라는 이름을 단 것은 아니지만 학생들의 사회정서적 역량 발달에 도움을 주려는 연수이므로 적극적으로 참여할 필요가 있다. 나아가 앞으로는 민주시민교육이나 AI 교육, 생태교육과 관련하여 미래사회에도 잘 살아가기 위해 필요한 사회정서적 역량을 가르치는 프로그램들도 출시될 것으로 예상된다. 이러한 프로그램들을 활용한다면 사회정서학습과 연계해 민주시민의식이나 자기주도성, 생태감수성을 기르는 다양한 수업과 교육과정을 구상할 수 있을 것이다.

지금까지 언급한 것이 사회정서학습에 대해 아는 것과 프로그램 내용을 어떻게 구성할지에 관한 지원이라면, 연수비를 내고 교재 교구를 사는 데 필요한 비용의 **재정 지원** 역시 중요하다. 이러한 지원은 학교 자체 예산을 세울 때 미리 계획해서 책정할 수도 있지만, 지역 교육청의 목적사업비를 사용할 수도 있다. 지역 교육청은 인성교육, 민주시민교육, 마을 공동체 교육 등에 필요한 경비를 지원하는 각종 사업을 계획하는 경우가 많다. 그러므로 이러한 사업들과 사회정서학습을 연관시켜 재정 지원을 얻을 수도 있다. 강조한 바와 같이 사회정서학습은 학생들의 긍정적인 발달을 위한 교육 활동들을 통합하므로 지역 교육청의 여러 사업과 연관하기 쉽다.

이 밖에도 위기 학생에 관한 지도와 관련해 **보건 교사** 또는 **상담 교사와 협의**한다면 큰 도움을 얻을 수 있다. 또한 큰 시도 교육청 단위에는 청소년 정신건강센터가 있어 위기 청소년에 대한 진단 치료 서비스를 제공하기도 한다. 어떤 교육청들은 '마음건강 자문의사 제도'를 운영하고 있어 자문의사가 교사들의 생활지도에 자문을 제공하기도 하고, 학교로 찾아와 진단과 치료를 하기도 한다. 이런 정보들은 대부분 상담 교사가 알고 있는 경우가 많으므로 적극적으로 협의할 필요가 있다.

마지막으로 구체적인 실행에서 **도덕과 교사의 지원**을 받을 수 있다. 도덕 교사는 교과 교육과정에 사회정서학습을 포함하므로 사회정서학습에 대해 잘 알고 있다. 따라서 사회정서학습과 연계해 수업을 하려고 할 때 어떤 내용 으로 **어떻게 수업해야 할지** 도움을 받을 수 있다. 예를 들어 각 교과나 활동의 주제 또는 단원과 연계할 수 있는 사회정서학습 역량과 기술이 무엇인지 자 문을 구할 수 있다.

또 도덕과 교육과정(교육부 고시 제2022-33호)은 도덕 교과가 인성교육과 민주시민교육의 핵심 교과로서 책임을 다해야 한다고 명시하고 있다. 그러므 로 **도덕 교과**는 학교 안에서 **인성교육이나 민주시민교육과 관련된 전체 활동 을 조정 관리함으로써 사회정서학습이 효과적으로 실행될 수 있도록 지원하는 역할**을 할 수 있다. 구체적으로는 사회정서학습의 실행 단계를 확인하고 평가 하며, 효과를 알리고, 문제점을 보완 수정해 지속적으로 실행될 수 있도록 추 진하는 역할, 학교 전체 장면에서 사회정서적 기술을 훈련할 수 있도록 풍토 를 만드는 역할, 가정이나 이웃 공동체와 연계를 추진하고 교육 활동을 기획 하는 역할 등이 포함될 수 있다. 따라서 사회정서학습을 실행하고 싶은데 어 려움이 있거나 파트너를 구하고 싶다면 도덕 교사에게 도움을 청할 수 있다. 도덕 교사는 인성교육과 민주시민교육의 핵심 교과로서 책임감을 갖고 사회 정서학습을 연구하고 실행할 수 있도록 도와야 할 것이다.

9장
명시적 학습

수업 일정 계획하기 · · ·

이제 사회정서학습을 적용해 수업을 한다면 구체적으로 무엇을 어떻게 가르쳐야 할지에 관해 살펴보자. 먼저 수업 시간에 가르치는 사회정서학습은 두 방식으로 나눌 수 있다. 하나는 중요한 사회정서적 기술을 **명시적**으로 가르치는 것이고, 다른 하나는 교과 수업을 통해 **은연중**에 사회정서적 기술을 가르치는 것이다. 이를테면 '정서 명명하기', '분노 조절하기', '현명한 선택하기'처럼 사회정서적 기술들을 독립된 단원으로 가르치거나 교과의 관련 단원에 배치해 명시적으로 가르친다면, 이는 명시적 수업이 된다. 반면에 교사가 수업 도중 언어와 행동으로 사회정서적 기술을 사용하는 것을 보여 준다든지, 사회정서적 기술을 발달시킬 수 있도록 수업 시간 중에 규칙을 만들어 학생들로 하여금 따르게 한다면 은연중에 가르치는 것이 될 수 있다.

이 중 사회정서적 기술들을 직접적으로 가르치는 명시적 수업이 사회정서학습의 핵심적인 부분이다. 실제 연구에 따르면 여러 해 동안 지속되는 명시적 수업을 적어도 **일주일에 1회 이상** 해야 사회정서학습 프로그램이 효과가 있었다.[*] 아무래도 사회정서적 기술들을 직접 가르쳐야 학생들이 그 기술을 정확하게 인지하고 체계적으로 훈련해 볼 수 있기 때문이다.

그런데 대부분의 학교 수업들은 나가야 할 진도들로 꽉 차 있으므로 어떻게 명시적 수업을 위한 시간을 확보할지 의문이 들 수 있다. 특히 학교급이 올라갈수록 입시 압박 때문에 새로운 시도를 하는 것 자체가 부담스러울 수 있다. 이는 다른 나라의 상황도 마찬가지여서 미국의 경우 독립된 프로그램으로 만들어 방과 후에 실시하기도 하고, 아침 시간마다 20~30분씩 나누어 명시적 수업을 진행하기도 한다. 우리나라는 창의적 체험 활동 시간 일부를 할애하거나, 대상이 중학교 1학년 학생들이라면 자유 학기의 주제 선택 시간 또는 동아리 시간을 활용해서 시간을 확보할 수 있을 것이다. 필자는 주제 선택 시간에 '사회정서적 기술 훈련하기'라는 주제로 수업을 했고, 동아리 활동으로

---

[*] Erwin, J.(2017), The school climate solution: creating a culture of Excellence from the class room to the staff room, MN: Free spirit publishing, p. 86.

'사회정서적 기술 훈련 보드게임반'을 운영하기도 했다.

가장 좋은 방법은 **교과와 연계**하는 것이다. 다음 장에서 다루겠지만 각 교과들은 사회정서적 역량과 연계할 수 있는 교과 역량들을 포함하고 있으며, 이러한 역량들을 중심으로 교과 내용에 적절한 사회정서적 기술 학습을 배치하면 별도의 시간을 마련하지 않아도 명시적 수업을 할 수 있다.

그런데 사회정서학습은 **주요 사회정서적 역량 다섯 가지를, 모두 그리고 골고루** 가르치는 것이 중요하다. 그러므로 사회정서학습 팀은 명시적 수업을 하기 위한 시간들을 학교 교육과정에서 찾아 확보하고, 담당하는 교사들과 협의해 적절하게 나누어야 한다. 다음은 자유 학기에 맞춰 세워 본 예시다.

영 역		시 간	명시적 학습 내용
교과 수업 시간	국어	10차시	공감, 의사소통 기술
	도덕	20차시	자기 인식, 공감 기술, 타인 존중, 분노 조절, 책임 있는 의사 결정
	사회	5차시	타인 존중, 책임 있는 의사 결정
	수학	3차시	스트레스 조절 기술
	과학	2차시	분노 조절 기술
	미술	3차시	정서 표현 기술
	체육	3차시	협력 기술
	영어	2차시	정서 이해 및 표현 기술
	기술·가정	20차시	자기 인식 기술, 스트레스 조절 기술, 의사소통 기술
	진로	5차시	긍정적인 태도 갖기 기술
창 체		5차시	정신건강 예방 프로그램 학교 폭력 예방 프로그램
동아리		9차시	사회정서적 기술 훈련 보드게임반
자유 학기	주제 선택	17차시	사회정서적 기술 훈련

이런 식으로 교과가 협의해서 사회정서학습의 다섯 가지 역량을 나누고 수업 시기와 순서를 조정하고 나면, 각 교과별로 구체적인 명시적 수업 일정을 계획할 수 있다. 도덕 교사인 필자는 교과 단원마다 관련된 사회정서적 기술을 단원 주

시기	단원명	사회정서적 기술	수업 활동(차시)
3월	정서적· 사회적 건강	정서 명명하기	정서의 의미와 중요성(1차시) 상황에 따른 정서 단어 찾기(1차시) 정서 구별하기, 정서 강도 알기(1차시)
3~12월		자신의 감정 인식하기	마음챙김 명상하기(15차시)
3월		타인의 감정 인식하기	같은 경험 다른 정서 인식하기(1차시) 같은 정서 다른 경험 인식하기(1차시) 다른 사람 감정 공감하기(2차시)
4~5월	행복한 삶	자신감 갖기 긍정성 갖기 스트레스 조절하기 절제하기	자신의 강점 인식하기(1차시) 감사 일기 쓰기(과제) 불안, 분노, 우울에 대처하기(2차시) 긍정적인 동기 부여하기(1차시) 습관 마일리지 실천하기(과제)
6월	우정	타인과 의사소통하기	공감하는 대화하기(2차시) 비폭력 대화하기(1차시) 부정적인 또래 압력에 거절하는 대화하기(1차시)
7월		충동 조절하기	분노 조절 방법(2차시)
8~9월		타인과의 관계 유지하기 갈등 해결하기	친구 관계에서의 갈등 해결하기(2차시) 친구 관계 발전시키기(2차시)
10월	인권	존중하기, 공감하기	타인을 존중하는 표시물 만들기(1차시) 다양성 존중하기(2차시) 출발선 게임을 통해 타인의 입장 되어 보기(1차시)
10~11월	이웃	협력하기 책임 있는 의사 결정하기	봉사 학습 프로젝트(3차시)
12월	세계 시민	책임 있는 의사 결정하기	문제 상황에서 책임 있는 의사 결정 연습하기(2차시) 세계 시민으로서 생각하고 참여하기(3차시)

제와 연관해 수업했는데, 순서는 자기 인식 역량부터 책임 있는 의사 결정 역량까지 배치하고, 감정 인식을 다루는 '정서적·사회적 건강' 단원을 3월로 앞당겨 수업함으로써 아이들이 기초적인 정서문해력을 학년 초에 익힐 수 있도록 했다.

수업 계획하기

그렇다면 수업 하나하나는 어떻게 구성해야 할까? 대표적인 사회정서학습 프로그램이 명시적 수업을 어떻게 하는지 구체적인 사례를 들어 함께 살펴보자. 다음 표는 많이 활용되는 사회정서학습 프로그램 중 하나인 '라이온스 퀘스트'의 전체 단원 구성표다.

맨 왼쪽 세로 칸의 '긍정적인 공동체 만들기, 개인적 발달, 사회적 발달, 건강과 예방, 리더십과 봉사 활동, 성찰과 마무리'라는 여섯 범위 각각은 2~8개의 주제를 포함하고 있다. 그러면 총 40개의 주제가 있는데, 라이온스 퀘스트 프로그램은 이 주제들을 학교급과 학년에 따라 골고루 분배하고 계열을 만들어 단원들을 구성한다. '개인적 발달'은 자기 인식과 자기 관리, '사회적 발달'은 사회적 인식과 관계 유지, '리더십과 봉사 활동 그리고 성찰과 마무리'는 책임 있는 의사 결정 역량을 주로 다루어 사회정서적 역량 다섯 가지를 모두 골고루 다루는 것을 확인할 수 있다. 이 중 '개인적 발달, 주제6'의 **정서 명명하기**'를 예시로 들어 명시적 수업이 어떻게 이루어지는지 살펴보자.

〈라이온스 퀘스트Lions Quest 프로그램의 전체 단원 구성표〉

	주제1	주제2	주제3	주제4	주제5	주제6	주제7	주제8
1 긍정적인 공동체 만들기	도입하기 역량: 자기 인식 기술: 정교하게 인식하기, 자신감 자신의 가치 인식하기	학급 규칙 만들기 역량: 자기 관리 기술: 충동 조절하기	관계의 공동체 세우기 역량: 자기 관리 기술: 충동 조절하기 기술: 사회적 참여, 관계 맺기, 협력 기술					
2 개인적 발달	가치 인식하기 역량: 자기 인식 기술: 정직하게 자기 인식하기, 감정 인식하기 자신의 가치 인식하기	감정과 성장 기회 평가하기 역량: 자기 인식 기술: 정교하게 자기 인식 기술: 사회적 참여, 관계 맺기, 협력 기술	자신감과 자기 존중하기 역량: 자기 관리 기술: 자기 존중 갖기	자기 동기화 역량: 자기 관리 기술: 자기 동기화	긍정적인 목표 세우기 역량: 자기 관리 기술: 목표 설정하기	정서 영향하기 역량: 자기 인식 기술: 감정 해결하기	스트레스 충동 조절하기 역량: 자기 관리 기술: 스트레스 관리, 충동 조절, 정체하기	생각, 감정, 행동의 관계 인식하기 역량: 자기 관리 기술: 충동 조절하기
3 사회적 발달	경청하기 역량: 관계 관리 기술: 공감, 존중하기 인식하기	타인 존중하기 역량: 공감, 관계 관리 기술: 대인 관계 다양성 이해하기	'무엇을, 왜, 어떻게'로 의사소통하기 역량: 공감, 관계 관리 기술: 대인 관계, 도움 구하기	협력하기 역량: 대인 관계 기술: 협력하기	좋은 의사 결정하기 1 역량: 책임 있는 의사 결정 기술: 문제 해결하기	대인 관계 갈등 다루기 역량: 대인 관계 기술: 문제 해결하기	고립감 대처하기 역량: 대인 관계 기술: 의사소통, 갈등 해결, 도움 구하기 기술	좋은 의사 결정하기 2 역량: 책임 있는 의사 결정 기술: 문제 해결하기
4 건강과 예방	건강한 삶 선택하기 역량: 책임 있는 의사 결정 기술: 윤리적 책임감 찾기, 문제 해결하기 상황 분석하기	초등 저학년: 우애 물건 예방 초등 고학년 이유: 음주 예방 역량: 책임 있는 의사 결정 기술: 문제 해결하기, 상황 분석, 문제 해결하기	책임감 지니기 역량: 책임 있는 의사 결정 기술: 대인 관계 기술: 도움 구하기	초등 저학년: 약물 오용 예방 초등 고학년 이유: 금연 예방 역량: 책임 있는 의사 결정 기술: 문제 해결하기, 상황 분석, 문제 해결하기	초등 저학년: 좋은 의사 결정하기 2 초등 고학년 이유: 기타·약물 예방 역량: 책임 있는 의사 결정 기술: 문제 해결하기, 상황 분석, 문제 해결하기	대인 관계 갈등 다루기 역량: 대인 관계 기술: 문제 해결, 명료화, 상황 분석, 문제 해결하기	고립감 대처하기 역량: 대인 관계 기술: 의사소통, 갈등 해결, 도움 구하기 기술	건강한 생활 방식 촉진색: 건강한 생활 방식 역량: 대인 관계 기술: 문제 해결, 명료화, 상황 분석, 문제 해결하기
5 리더십과 봉사 활동	학급의 공동체에서 봉사하기 역량: 대인 관계, 책임 있는 의사 결정 기술: 의사소통 기술 협력하기, 문제 해결하기	봉사 학습을 위한 협력 자원 및 관심 찾아내기 역량: 대인 관계, 책임 있는 의사 결정 기술: 의사소통 기술 협력하기, 문제 해결하기	학급, 학교, 공동체의 문제나 필요 확인하기 역량: 대인 관계, 책임 있는 의사 결정 기술: 의사소통 기술 협력하기, 문제 해결하기	학교나 공동체를 함께 부강하는 봉사 학습 역량: 대인 관계, 책임 있는 의사 결정 기술: 의사소통 기술 협력하기, 문제 해결하기	봉사 학습 프로젝트 계획하기 역량: 대인 관계, 책임 있는 의사 결정 기술: 의사소통 기술 협력하기, 문제 해결하기	봉사 학습 프로젝트 실행하기 역량: 대인 관계 기술: 문제 해결, 명료화 도움 구하기, 갈등 해결하기	봉사 학습 프로젝트는 성찰 및 발표하기 역량: 대인 관계, 책임 있는 의사 결정 기술: 사회적 참여, 명료화 분석, 문제 해결하기	봉사 학습 활동 발표하기 역량: 대인 관계, 책임 있는 의사 결정 기술: 의사소통, 명료화 분석, 문제 해결하기
6 성찰과 마무리	학습 경험과 목표 성찰하기 역량: 책임 있는 의사 결정 기술: 성찰, 평가하기	학습의 성장과 사회적 기여 인식하고 축하하기 역량: 책임 있는 의사 결정 기술: 사회 평가하기						

〈출처: https://www.lions-quest.org/middle-school-social-and-emotional-learning/〉

다음 그림은 '정서 명명하기'를 다루는 중학교 1학년 한 단원에 대한 교사용 지도서 내용이다. **제목**이 '정서 확인하고 이름 붙이기'이며, 왼쪽 위에는 **주요 사회정서적 역량**(자기 인식)과 **기술**(감정 확인하기)을 제시하고, 아래서는 이전 학년과 다음 학년의 **계열성**을 안내한다. 명시적 수업은 사회정서적 기술을 직접 언급하고, 의도적인 수업 계획에 따라 가르침으로써 이루어진다. 그러므로 어떤 사회정서적 역량과 기술을 가르치는 단원인지 제시하는 것이 중요하다. 또한 사회정서학습은 연령과 발달에 맞게 사회정서적 역량을 가르치는 것을 강조한다. 왜냐하면 연령에 맞는 성취 기준에 따라 체계적으로 교육하고자 하는 것이 사회정서학습이기 때문이다. 이전 학년과

〈출처: https://www.lions-quest.org/grade-6〉

다음 학년의 수업 내용에 대한 기술은 해당 단원이 어떤 계열성을 가지고 구성되었는지를 보여 준다.

전체 수업은 '발견하기 → 연결하기 → 연습하기 → 실생활에 적용하기'의 흐름으로 진행된다. '발견하기'는 정서 명명 기술의 중요성을 발견하는 것이고, '연결하기'는 정서 확인과 명명에 대해 설명하는 것, '연습하기'는 정서 확인하기와 명명을 연습해 보는 것, '실생활에 적용하기'는 정서 명명을 실생활에서 적용해 보도록 과제를 내는 것이다. 이 중 사회정서학습의 특징적인 부분은 **'연습하기'**와 **'실생활에 적용하기'**다. 사회정서학습은 사회정서적 기술을 훈련함으로써 그 기술과 역량이 학생 스스로의 것이 되도록 하는 데 주안점을 둔다. 따라서 만약에 어떤 사회정서적 기술을 제시하고 그 중요성과 방법을 설명하기만 한다면, 그것만으로는 사회정서학습 수업을 했다고 보기 어렵다. 그러므로 사회정서학습 수업이 되기 위해서는 교육학 용어로 **시연rehesal**이라고 하는 연습을 반드시 포함해야 한다. 또 연습한 기술을 **일상생활에서 지속적으로 훈련할 수 있도록** 과제나 체크리스트 같은 장치를 만들어야 한다. 일상생활에서 지속적으로 연습할 수 있도록 하는 장치는 본문 옆 칸의 보충 설명에도 안내되어 있다. 즉 **지역, 가정, 여러 교과** 시간에 연계해서 어떻게 '정서 이름 붙이기'를 연습할 수 있는지 안내한다. 교사는 이를 참고해 가정 연계, 생활지도 등의 방법을 생각해 볼 수 있다. 라이온스 퀘스트뿐만 아니라 많은 사회정서학습 프로그램이 대부분 이와 같은 방식으로 수업을 안내한다.

이 같은 예시 형식을 똑같이 따라 할 필요는 없지만, 사회정서학습 수업을 만들기 위해 필수적으로 유념해야 할 것들을 인지할 필요는 있다. 즉 명시적 수업을 위해 계획한 수업이 **'주요 사회정서적 역량과 기술을 명확히 제시하고 있는지', '수업 내용이 아이들의 연령과 발달 단계에 적절한지', '학생들에게 사회정서적 기술을 연습할 기회를 제공하는지', '수업이 끝난 후 지속적으로 연습할 수 있도록 하는 방안을 포함하는지'**를 확인해야 한다. 이 네 가지 사항에 유의한다면 교과의 특성 및 교사 나름의 교육적 소신과 방법을 반영한 특색 있고 다양한 사회정서학습 수업을 만들 수 있다. 각 교과마다 참고할 수 있는 예시는 '10장 교과 연계하기'와 '3부 사회정서학습 수업 실제 1'에서 소개한다.

10장

교과
연계하기

왜 교과 연계를 해야 할까?　　　　　　　　　　　　　●●●

앞 장에서 사회정서학습을 위한 수업 시간을 확보하기 위해서 교과 연계가
필요하다고 언급했다. 하지만 다른 이유도 있다. 다양한 교과는 다양한 우리
의 삶을 반영한다. 사회정서적 기술을 여러 교과 지식과 연관시키는 것은 삶
의 다양한 측면에 사회정서적 기술을 적용하도록 돕는다.

　또 사회정서학습을 여러 교과에서 연계한다면 학생들이 중요한 것으로 받
아들여 사회정서학습의 효과를 높일 수 있다. 학생들은 창의적 체험 활동 시
간이나 방과 후에 이루어지는 활동은 중요하지 않은 것으로 인식하고 흘려듣
는 경향이 있다. 하지만 교과 시간은 다르다. 교과 교사가 수업 시간에 교과서

에 나오는 내용과 관련해서 사회정서적 기술을 가르친다면 학생들이 진지하게 귀를 기울일 가능성이 높다. 우리나라 학교 교육의 특성상 교과 교육은 교육 목적을 달성하기에 가장 쉽고 효과적인 도구다. 따라서 교과연계는 효과적으로 사회정서학습을 실시하기 위해 꼭 고려할 사항이라고 할 수 있다.

교과 연계 수업 설계하기 ● ● ●

사회정서학습과 연계한 교과 수업은 어떻게 설계해야 할까? 앞 장에서 사회정서적 기술을 가르치기 위한 명시적 수업의 특성을 살펴보았다. 하지만 그 특성들만으로는 교과 연계를 어떻게 해야 할지 막막하다. 그래서 여기서는 교과 연계 수업을 어떻게 설계하는지 구체적으로 살펴볼 것이다. 다음은 그 방법을 차례대로 나열한 것이다.

1단계: 각 교과의 역량 파악하기

2단계: 학습 주제에 맞는 사회정서학습 성취 기준 찾기

3단계: 적합한 교수·학습 활동 정하기

4단계: 수업 개요 작성하기

교과와 연계한 사회정서학습 수업을 만들기 위해 맨 처음 할 일은 **담당 교**

과의 역량을 확인하는 것이다. '2009 개정 교육과정' 이후 교육과정이 역량 중심으로 개편되면서 모든 교과는 교과가 추구하는 역량을 제시한다. 이런 역량 중에는 사회정서학습과 연관된 것들이 많다. 예를 들어 국어 교과는 대인 관계 역량과 의사소통 역량, 정보 교과는 디지털 의사소통 능력, 수학 교과는 문제 해결 역량 같은 역량들을 포함한다. 이와 같은 역량들은 각 교과가 수업을 통해 기르고자 하는 것이므로 사회정서학습과 연계하기 쉬우며, 어떤 역량을 기르는 수업을 계획할지 방향을 제시해 준다.

이렇게 역량을 확인했다면 **교과의 학습 주제**와 그에 맞는 **사회정서학습 성취 기준**을 찾아야 한다. 교과와 연계한 사회정서학습은 다음 표의 예시처럼

교과	사회정서적 기준	주제 예시
국어	경청하기	다른 사람을 존중하는 대화하기
역사	공감, 역할 채택	역사적 인물에 공감하기
체육	자기 조절하기	나의 신체 인식하기
미술	공감하기	감정을 표현하는 작품 만들기
수학	스트레스 관리하기	수학적 문제 해결에 필요한 태도
영어	정서 인지하기	감정을 나타내는 다양한 형용사
가정	관계 유지하기, 의사소통하기	가족과 좋은 관계를 맺는 의사소통 방법
정보	문제 해결하기	대인관계 갈등을 해결하는 알고리즘
과학	스트레스 조절하기	스트레스와 호르몬의 관계

교과 내용과 사회정서적 기술을 연관 지어 다양한 주제로 실시될 수 있다. 국어 시간이라면 토의에 대해 가르치면서 효과적으로 의사소통하는 방법을 연습하게 할 수 있다. 사회 시간에는 지구촌 문제에 대해 가르치면서 책임감 있게 행동하는 방법을 익히게 할 수 있고, 예술 시간에는 음악, 그림, 무용 등으로 감정을 표현하는 법을, 체육 시간에는 경기를 통해 협력하는 방법을 연습하게 할 수 있다.

그렇다면 수학 교과는 어떤 주제를 정할 수 있을까? 의외로 수학은 사회정서학습과 연계가 많은 교과다. 예를 들어 미국의 대표적인 사회정서학습 프로그램인 **반응하는 교실**Responsive Classroom은 수학과 연계해 사회정서적 기술을 연습할 수 있는 아침 활동 프로그램을 제공하고 있다. 수학 교과와 연계한 사회정서학습은 학생들로 하여금 수학 지식을 통해 자신의 상태나 문제 상황을 더 정확하게 인식할 수 있도록 해 주고, 고학년의 경우 수학 문제를 풀 때 스트레스를 다루는 방법을 연습시킴으로써 삶의 여러 문제와 도전을 다루는 법을 익히게 할 수 있다.

이렇게 학습 주제를 찾을 때는 동시에 그 주제와 관련된 사회정서학습 성취 기준도 찾을 필요가 있다. 성취 기준이 있어야 주제를 명확하게 정할 수 있기 때문이다. 예를 들어 중학교 미술 선생님이 '감정을 작품으로 표현하기'를 가르치려고 한다면, '다른 사람의 입장에서 생각하고 공감하는 대화를 할 수 있다'라는 성취 기준에 맞춰 '친구를 위로하는 예술 작품 만들기' 같은 주제를

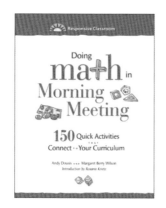

명확하게 정할 수 있다. 그런데 우리나라에는 아직 아동과 청소년에게 적절한 사회정서적 발달 성취 기준이 마련되어 있지 않다. 하지만 어떤 교육청은 학교급별로 가르쳐야 할 중점 인성교육 과제를 안내하고 있어 참고가 될 수 있다.•

또한 3부에 제시되어 있는 다른 나라의 **사회 정서학습 성취 기준표**(3부의 '관련 성취 기준' 표 참고)를 바탕으로, 교사가 담당하고 있는 학생의 특성을 고려하여 성취기준을 만드는 것도 한 가지 방법이 될 수 있을 것이다. 이를테면 자기표현을 잘하는 학생이 많은 학교라면 '정서 강도와 복잡한 감정(두 개 이상의 감정이 섞인) 이해하기'를 성취 기준 내용으로 삼을 수 있지만, 감정 표현이 서툴고 익숙하지 않은 학생들이 많은 학교라면 '정서 이름 붙이기'를 정서 확인하기에 해당하는 성취 기준 내용으로 삼을 수 있다. 또 연령에 따라서 수준을 달리할 수도 있다. 가령 국어 교사라면 초등학교에서는 '다른 사람의 이야기를 존중하며 들을 수 있다', 중학교에서는 '다른 사람의 이야기를 경청하고 표정과 상황을 통해 말 속에 담긴 진의를 파악할 수 있다'라는 성취 기준을 만들 수 있을 것이다.

• 150쪽 〈경기도교육청 인성교육 기초 소양별 주요 인성 과제〉는 '자기인식, 자기 관리, 윤리적 책임, 대인 관계 기술, 사회적 협력' 다섯 영역에 대해서 학교급별로 중요 인성 과제를 제시하고 있다.

〈 경기도교육청 인성교육 기초 소양별 주요 인성 과제 〉

인성교육 기초 소양	주요 인성 과제 (인성 발달 및 함양에 요구되는 '지식·이해, 과정·기능, 가치·태도')
자기 인식	• 신체 인식하기(건강, 위생 상태 등 파악하기) • 감정 인식하기(다양한 감정을 구분하고 감정 단어 알기) • 생각 인식하기(부정적인 생각·편향성 등 인식하기) • 메타인지 발휘하기(원인·과정·방법·결과 성찰하기) • 긍정적인 정체성 형성하기(특기·장점·강점 인식하기, 자기효용감·성장마인드셋 갖기) • 삶에 대해 긍정적으로 인식하기(희망하기, 감사하기, 목적의식 갖기 등)
자기 관리	• 감정 조절하기(스트레스, 우울감, 불안 등 조절하기) • 충동 조절하기(절제하기, 집중하기 등) • 삶의 문제들을 현명하게 해결하기 • 자기주도성 발휘하기(학업·진로·생애 계획 세우고 추진·점검하기 등) • 그릿 발휘하기(힘들어도 끝까지 노력하기, 동기 부여하기) • 회복탄력성 발휘하기(역경과 실수에서 배우고 일어서기) • 지적 호기심 및 창의력 발휘하기 • 도움 자원 활용하기
윤리적 책임	• 윤리적 규범과 원리를 알고 이해하기 • 윤리적 덕목과 규범을 익히고 실천하기 • 윤리적 문제에 민감성 갖기 • 윤리적 상상력 발휘하기(다른 사람 관점 취하기, 결과 예상하기 등) • 윤리적 문제에 대해 비판적으로 사고하기 • 윤리적 가치를 추구하며 행동하기 • 디지털 공간에서 책임감 발휘하기
대인관계 기술	• 타인을 존중, 공감, 배려하기 • 건강하게 관계를 형성하고 이어가기 • 효과적으로 의사소통하기 • 서로 도움 주고받기 • 상호 갈등 해결하기
사회적 협력	• 타인 및 다른 생명과의 연결감 지니기(문화 다양성 존중하기, 세계시민의식 갖기, 생태감수성 갖기 등) • 사회적 규칙과 법 지키기 • 사회적 갈등 해결하기 • 사회적 약자와 소수자 배려하기 • 리더십 발휘하기 • 참여·봉사하기

3단계는 **적합한 교수 학습 활동 정하기**다. 앞서 언급했듯이 사회정서학습의 교수 학습 방법은 따로 정해진 것이 아니다. 그러므로 사회정서적 역량을 기를 수 있도록 다양한 방법을 적용할 수 있다. 다만 어떤 수업이 사회정서학습이 되기 위해서는 앞 장에서 설명한 명시적 학습의 특성이 포함되어야 한다. 즉 어떤 사회정서적 기술을 익히기 위한 수업인지 명료하게 드러나야 하고, 학습한 내용을 학생들이 직접 훈련해 볼 수 있도록 꼭 기회를 만들어 주어야 한다. 예를 들어 과학 선생님이 '호르몬의 원리를 통해 알아보는 분노 조절 방법'이라는 주제로 수업을 한다면, 분노 조절 방법을 연습해 볼 수 있는 기회를 수업에 포함해야 한다. 더 구체적인 아이디어를 얻기 위해서는 인성교육 프로그램이나 교재를 참고하거나 도덕 교과 교사와 의논해 보는 방법도 있다. 이렇게 교수 학습 방법까지 정하면 간단하게 다음 표처럼 수업의 개요를 작성해 볼 수 있다.

모든 사회정서학습 수업의 개요를 항상 작성해야 하는 것은 아니지만 간단하게나마 생각할 필요가 있고, 때로는 형식에 맞게 작성해야 할 때가 있다. 왜냐하면 수업 개요는 수업의 목표와 내용을 더욱 분명하게 인식하도록 함으로써 수업을 효과적으로 이끌 수 있고, 이 표를 통해 다른 교과 교사와 수업에 대해 소통하고 협의할 수 있기 때문이다.

수업 개요표는 교과와 사회정서학습의 **역량**과 **성취 기준**을 나란히 기술하고, 구상한 수업의 **목표**와 **주제**를 적는다. 그리고 각 교과 교육과정에 제시되

대단원명		호르몬과 항상성 유지
성취 기준	교과 성취 기준	〔9과20-03〕 우리 몸의 기능을 조절하는 데 호르몬이 관여한다는 사실을 알고, 사례를 조사해서 발표할 수 있다.
	사회정서학습 성취 기준	스트레스 조절 기술을 사용하고 성공적으로 수행하기 위한 동기를 스스로 강화할 수 있다.
학습 주제		호르몬의 역할과 분노 조절
학습 목표		호르몬의 기능을 알고, 이를 통해 분노를 조절하는 방법을 설명할 수 있다.
학습 요소	교과 역량	과학적 문제 해결력
	사회정서적 역량	자기 관리
	사회정서적 기술	분노 조절하기
	인성 요소	절제
	교과 내용 요소	자극에 대한 반응에 관여하는 호르몬의 역할

어 있는 **교과 내용 요소**와 **인성 요소**를 적는다. 인성 요소를 적는 것은 사회정서적 역량을 기르는 목표가 인성 발달에 있기 때문이다. 자기 관리와 인간관계를 뛰어나게 잘하는 사람이 반드시 훌륭한 사람은 아니다. 성공한 사람들 중에는 선하지는 않지만 자기 관리와 인간관계를 잘하는 사람들이 있기 때문이다. 사회정서적 역량을 기르는 목적은 어디까지나 건강한 사회 구성원으로 자랄 수 있도록 인성을 함양하는 데 있어야 한다. 그래서 인성 요소를 적음으로써 수업이 이루고자 하는 목표를 설정할 수 있다. 즉 인성 요소는 수업이 추구하는 방향을 나타낸다고 볼 수 있다. 교사는 인성 요소를 정함으로써 수업 방향을 세우고, 이에 유념하면서 수업에 임할 수 있다.

교과 간 소통하기

• • •

얼마나 많은 수업을 교과와 연계해야 할까? 사회정서학습에서는 지속적이고 반복된 연습이 중요하지만, 다른 중요한 진도들을 미루고 사회정서적 기술만을 가르칠 수는 없다. 그렇다고 한 학기 동안 과목마다 돌아가며 한두 번 연계한다면 의미가 없는 것은 아니지만 효과 면에서 부족할 수 있다. 방법은 **다른 교과와 소통해 가며 어떤 수업을 할지 알리고 공유하는 것**이다. 이를 통해 중복을 피하고, 사회정서학습의 다섯 가지 역량을 포괄적으로 다룰 수 있다. 사회정서학습이 효과적이려면 다섯 역량을 모두 다루는 것이 중요하다. 예를 들어 모든 수업이 정서적 인식을 높이는 것만 다룬다면 그것만으로는 정서 조절과 사회적 관계에서 책임 있게 생각하고 행동하는 것으로 이어지지 않는다. 그러므로 교과 간 소통을 통해 다른 교과에서 어떤 내용을 다루었는지 알고 부족한 역량을 나누어 다루어야 한다.

예를 들어 영어와 도덕 교과 시간에 정서 단어를 배우고 표정으로 정서 인식하는 것을 익혔다면, 미술 시간에는 정서를 표현하는 방법을, 과학 시간에는 정서 조절 방법을, 체육 시간에는 팀별 게임을 한 후 다른 사람의 감정을 이해하고 협력하는 방법을, 사회 시간에는 다른 문화권의 사람들에게 공감하고 지구촌 문제에 윤리적으로 참여하는 방법을 가르치는 식으로 전체적인 커리큘럼을 만들 수 있다.

〈교과 간의 사회정서학습 융합〉

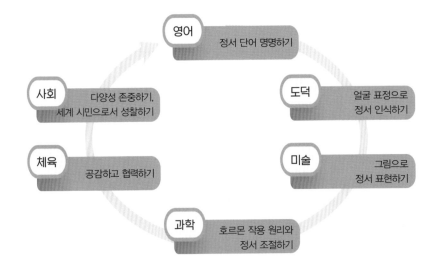

영어   정서 단어 명명하기

사회   다양성 존중하기, 세계 시민으로서 성찰하기

도덕   얼굴 표정으로 정서 인식하기

체육   공감하고 협력하기

미술   그림으로 정서 표현하기

과학   호르몬 작용 원리와 정서 조절하기

　　물론 이를 위해서는 교과 간의 장벽을 뛰어넘어야 한다. 최근 교과 간 소통이 원활하게 이루어지고 융합 수업과 배움 나눔이 활발한 학교들이 많이 늘어나는 추세다. 사회정서학습이 효과를 거두기 위해서는 학교 차원에서 교사가 다른 교과 교사와 수업에 대해 이야기를 나누고 연구할 수 있도록 여건을 조성하는 일도 중요하지만, 새로운 시도를 해 보려는 선생님들의 용기도 중요하다.

　　지금까지 사회정서학습을 적용한 수업의 내용과 방법에 대해 알아보았다. 11장과 12장에서는 수업 밖 장면에서 사회정서학습을 어떻게 실시할 수 있을지 살펴보자.

11장

생활지도
연계하기

생활지도 연계의 중요성 ●●●

생활지도는 사회정서학습에서 매우 중요한 부분이다. 사회정서학습이 효과를 거두기 위해서는 교실뿐 아니라 복도, 강당, 휴게실, 운동장, 체육관, 급식실 등 학교의 모든 공간이 사회정서적 기술을 연습해 볼 수 있는 곳이어야 한다. 악보를 읽을 줄 알아도 여러 번 연습하지 않으면 연주할 수 없듯이, 사회정서적 기술도 연습해 보지 않으면 내 것이 되기 어렵다. 수업 시간에 배운 사회정서적 기술을 내 것으로 만들기 위해서는 자신의 삶 속에서 그 기술을 연습해야 한다. 예를 들어 수업 시간에 분노 조절과 책임 있는 의사소통 기술을 배웠다면, 친구들과 다툼이 생기려고 할 때 배운 내용을 활용하도록 지도할 수 있다. 이를 통해 학생은 사회정서적 기술을 사용하는 법을 효과적으로 익히게 된다. 반면에 교사가 수업 시간에 사회정서학습을 가르쳤더라도 실제 생활지도를 할 때 훈계만 한다면, 학생은 오히려 반감을 갖고 교사를 신뢰하지 않게 될 것이다. 사회정서적 기술을 연습할 수 있게끔 기회를 주는 생활지도가 일관되게 이루어지고, 또 그런 생활지도를 하는 교사가 다수를 차지하면 학교의 풍토는 변화한다. 긍정적인 학교 풍토는 학생의 학교에 대한 친밀감과 회복탄력성을 높이고 사회정서적 역량 발달을 촉진하는 시너지 효과를 낸다.

생활지도 연계 방법   • • •

사회정서적 기술을 가르치기 위해 생활지도는 구체적으로 어떻게 해야 할까? 예를 들어 일상생활 속에서 일어나는 문제에 대해 생활지도를 할 때, 교사는 학생이 자신의 감정을 인식하고 조절하는 연습을 하도록 이끌 수 있다. 가령 감정이 상한 두 학생이 있다면 각자 자신의 감정을 확인해 보고, 상대방에게 화를 내거나 상대방을 공격하지 않고 자신의 감정을 이야기하도록 신호를 주어 유도할 수 있다. 필자는 교실 안에 분노 조절 순서가 담긴 포스터나 카드, 감정체크판을 게시했으며, 생활지도를 할 때 이를 손가락이나 눈짓으로 가리키는 것으로 신호를 주곤 했다.

신호를 잘 못 알아차리는 학생이라면 좀 더 적극적으로 가르쳐 줄 수도 있

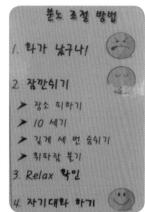

다. 예를 들어 생활지도를 할 때 **공감 카드**나 **정서 강도 스틱** 같은 것을 활용할 수 있다. 만일 감정이 상한 두 학생이 찾아왔다면, 각자 감정카드에서 자신의 감정을 잘 나타내는 카드를 고르도록 하고, 그 정서의 강도를 1에서 10 사이에서 선택하라고 한다. 10이라면 강도가 최대로 강한 거고, 0이면 그런 정서가 아주 약간 것이다. 이 과정에서 학생은 자신의 감정을 더 잘 이해하고 동시에 상대의 감정도 이해할 수 있다. 그리고 수업 시간에 배운 대로 '내가 이런 사실 때문에 감정이 어떠했고, 무엇을 바라는지' 이야기해 보도록 한다. 서로의 바람을 확인하고 조율 방법을 함께 모색해 보라고 하면, 이는 학생이 자신의 삶에 갈등 해결 기술을 적용해 보는 것이 된다. 교사는 학생이 이러한 기술을 잘 적용했을 때 칭찬해줌으로써 향후 비슷한 상황에 처했을 때 스스로 문제를 해결할 수 있도록 도울 수 있다.

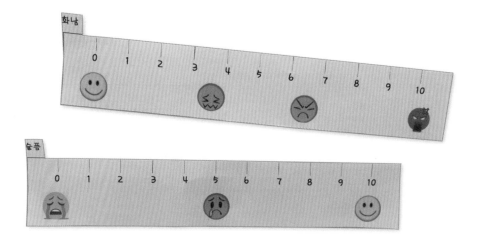

감정카드와 정서 강도 스틱은 스트레스를 호소하는 학생이 자신의 정서를 인식하는 연습을 하도록 도울 수도 있다. 어떤 부정적인 감정을 느끼는지, 그것이 어느 정도인지 확인하고, 그 감정의 원인을 찾아보도록 하는 것이다. 만일 부정적인 감정의 원인이 지나치게 비관적이고 비현실적인 생각 때문에 일어나는 것이라면, 학생은 그것을 확인함으로써 원인을 제거할 수 있다.

또한 자기 관리 능력이 부족한 경우라면 분명하게 의사소통하는 법, 스트레스를 달래는 법 등을 연습해 보도록 유도할 수도 있다. 그게 아니라 원인이 외부에서 온 것이라면, 교사가 할 수 있는 한에서 도와줄 수 있다. 예를 들어 학급 내 역할을 바꿔 주거나 과제의 기한을 연장해 주거나 부모에게 알리거나 Wee 센터에 연결하는 방법 등으로 도울 수 있다.

사회정서학습과 연계해 학급 운영하기

● ● ●

학생에게 특별히 도움이 필요할 때뿐만 아니라 일상생활에서 자연스럽게 사회정서적 기술을 기를 수 있도록 돕는 것도 중요하다. 특히 **학급**은 학생들이 일상적으로 반복해서 자연스럽게 사회정서적 기술을 연습할 수 있는 중요한 공간이다. 그래서 많은 사회정서학습 프로그램이 **조회·종례 시간**을 활용하는 방법들을 안내한다. 반응하는 교실Responsive classroom은 매일 아침 수

업 시작하기 20~30분 전에 학급 학생들이 원으로 모여 앉아 인사를 한 뒤 새로운 소식과 이슈에 관해 이야기를 나누며, 의사소통과 공감 등 사회정서적 기술을 연습하는 간단한 활동을 한다.

이 밖에도 담임 교사는 **교실을 사회정서적 기술을 연습할 수 있는 공간으로** 꾸밀 수 있다. 예를 들어 교실에 자신의 감정을 확인해 볼 수 있도록 감정체크판이나 감정 온도계를 설치해 두고, 출석을 부를 때 대답 대신 자신의 감정을 이야기하도록 할 수 있다. 이를 통해 학생들은 자연스럽게 자신의 감정을 인

식하는 능력을 향상시킬 수 있다. 또 '멈추기, 생각하기, 행동하기', '학급의 규칙' 같은 것들을 게시할 수도 있다. 필자는 바쁘지 않은 조회 시간마다 마음챙김 명상을 하도록 했는데, 이 또한 학생들이 자신을 조절할 수 있는 방법을 익히게 할 수 있는 좋은 방법이다.

사회정서적 기술 훈련을 위한 공간 만들기　　　•••

학교 차원에서 좀 더 적극적으로 사회정서적 기술을 연습하기 위한 공간을 마련해 줄 수도 있다. 필자가 근무했던 학교는 '마음 쉼터'라는 교실을 만들어 학생들이 일과 중에 자유롭게 이용하도록 했다. 이곳에는 수업 시간에 배운 사회정서적 기술을 떠올릴 수 있도록 포스터 등의 게시물을 만들어 전시하고, 학생들의 활동 결과물도 전시해 배움을 공유하도록 했다. 또 정서 조절과 자기 관리, 타인과 원만한 관계를 유지하는 방법 등에 관한 도서와 교구를 비치

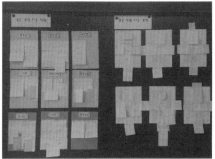

해 이용할 수 있도록 했으며, 명상을 하거나 스트레스를 조절하고, 친구와 편안하게 대화할 수 있도록 휴식 의자를 마련해서 사회정서적 기술을 연습할 수 있도록 도왔다.

12장

가정
연계하기

가정 연계, 꼭 필요할까?　　　　　　　　　　　　　●●●

결론부터 말하면, 사회정서학습에서 가정 연계는 **꼭 필요하다**. 잘 아는 바와 같이 가족, 특히 부모는 아동과 청소년의 정서와 행동 특성을 가장 잘 예측하는 변수다. 부모는 아이의 첫 번째 선생님으로서 아이의 사회정서적 발달에 큰 영향을 미칠 수밖에 없기 때문이다. 가정 연계를 통해 부모는 학교로부터 사회정서학습을 배움으로써 자녀에게 사회정서학습을 가르치고 사회정서역량을 발휘하는 모델이 되어줄 수 있다. 또한 학교도 가정 연계를 통해 학생과 사회정서학습 지원 자원에 대해 유용한 정보를 수집하고, 효과적으로 사회정서학습을 위한 전략을 세울 수 있다. 부모가 학교에 제공한 정보와 의견이 진지하게 수용될 때 부모는 아이들의 사회정서역량을 발달시키려는 학교의 노력에 적극적으로 협조할 가능성이 높다. 가정과 학교의 긴밀한 파트너십은 학생이 성공적으로 학교생활을 하는 데 핵심적이기 때문에 매우 중요하다. 이에 카셀은 효과적인 가정 연계 전략을 담은 안내물들을 배포함으로써 학교과 가정이 긴밀히 협력하도록 지원하고 있다. 다음은 카셀이 제시하는 가정 연계 전략 Strategies for Establishing School Family Partnerships을 요약한 것이다.

소통하기	• **편지/가정통신문 보내기**: 학년 초 환영 편지, 자녀에 관한 정보(자녀가 좋아하는 것, 장점, 선호하는 학습 방식)를 묻는 편지, 사회정서학습에 관한 이해 정도를 파악하기 위한 간단한 설문조사지, 사회정서학습(개념, 정책, 지도 계획, 활용자원)에 관한 안내문 보내기. • **가장 효과적으로 소통할 수 있는 방법을 찾기**: 정기적인 뉴스레터, 공식적인 가정통신문, SNS/문자/이메일을 통한 비공식적인 소통, '가정에서 학교로, 학교에서 가정으로' 수첩 등 학부모가 가장 잘 응답하는 소통 방식을 찾아 소통하기. • **학교 홈페이지에 사회정서학습에 관한 정보 게시하기**
가족 참여 기회 제공하기	• **학교에서 봉사할 수 있는 기회 제공하기**: 정규 수업이나 방과 후, 체험학습에서 일일교사, 보조교사, 안전도우미 등을 할 기회를 제공하고 환영하기. • **학교 운영에 참여할 기회 제공하기**: 학부모위원회/학교운영위원회에 참여할 기회 제공하기, 학교 운영에 의견을 제시할 수 있는 기회 마련하기. • **가족 참여 행사 마련하기**: 학부모들이 이야기를 공유할 수 있는 '가족의 밤'과 '주말 가족 농장 체험' 같은 마련하기 • **학교를 지역 공동체의 중심지로 만들기**: 주말이나 저녁에 도서관, 농구장, 시청각실과 같은 학교 시설을 가족을 위해 제공하기 • **참여가 어려운 가정 고려하기**: 예를 들어 다문화 가정을 위해 가정통신문이나 통역 준비하기.
사회정서학습을 위해 협력하기	• **사회정서학습에 관해 안내하기**: 사회정서적 발달과 사회정서학습에 관해 설명하기, 학교의 추진 계획 및 과정에 관한 정보 제공하기, 학부모가 질의할 수 있는 기회 마련하기. • **사회정서학습에 관한 부모교육 제공하기**: 가정통신문이나 워크숍을 통해 자녀의 사회정서적 발달을 지도할 수 있는 방법 안내하기 • **가족과 함께 하는 사회정서학습 과제 내기** • **만족도 평가하기**: 사회정서학습에 관한 가족의 의견을 듣고 반영하기

이와 비교해 볼 때, 현재 우리나라에서 학부모를 대상으로 한 교육의 개입과 서비스는 소극적인 수준이라고 볼 수 있다. 학교나 지역 기관에서 학부모를 대상으로 부모 교육 자료를 배포하기도 하고 특강을 마련하기도 하지만, 이마저도 자녀에 대한 관심이 이미 충분한 학부모 위주로 참석하는 경우가 많아 정작 도움이 필요한 학부모들에게는 서비스가 잘 제공되지 않는 형편이다.

학생의 정서행동적 문제 행동에 적절하게 대응하지 못하면 학생이 심리적 불안과 혼란을 경험하고 반사회적 행동 같은 비행을 많이 저지른다. 또 아동기와 청소년기의 문제 행동은 성인이 되었을 때 심리적 문제로 이어지기도 하고, 심한 경우에는 폭력, 범죄, 가족에 대한 학대로 이어져 심각한 사회 문제로 발전한다. 또 부모의 입장에서도 자녀의 정서 · 행동적 문제는 상당한 스트레스를 유발하고 삶에 혼란을 일으킬 수 있다. 자녀가 학교를 다니는 시기, 부모는 자녀와의 갈등으로 사이가 멀어지기도 하며, 과중한 교육비로 인해 경제적 문제로 어려움을 겪는 경우가 많다. 따라서 부모의 입장에서도 정서 조절과 가족과의 긴밀한 관계 유지 등은 매우 중요한 문제가 된다. 결국, 자녀뿐 아니라 부모의 효과적인 사회정서학습과 가정 기능의 회복을 위해서도 가정 연계 교육은 매우 중요한 사안이라고 할 수 있다. 그렇다면 사회정서학습은 가정과 연계해 어떤 내용과 방식으로 이루어져야 할까?

가정 연계 방법 ••••

앞에서 강조했듯이 사회정서학습은 아이들이 행복하게 성공적인 삶을 살 수 있도록 생태학적인 환경 전반을 조정하려고 한다. 그러므로 사회정서학습은 아이에게 영향력이 큰 가정을 반드시 염두에 두고 관련 활동을 포함한다. 실제 사회정서학습 프로그램들이 가정을 연계하는 방식은 크게 두 가지다. 첫째는 학생들이 수업 시간에 익힌 사회정서적 기술을 가정에서 **가족과 함께 익힐 수 있도록** 연수를 하거나 유인물을 배부하는 것이다. 이런 연수나 유인물 내용은 자녀가 학교에서 사회정서학습을 어떻게 배우는지 알리는 것부터 가족과 함께 사회정서적 기술을 훈련하는 과제를 내는 더욱 적극적인 것까지 포함한다. 사회정서학습은 아직 우리에게 생소하기 때문에 사회정서학습이 무엇인지, 사회정서적 기술을 익히기 위해 가족의 역할이 얼마나 중요한지 알림으로써 가정의 협조를 구해야 한다. Second Step이나 Paths 등 대표적인 사회정서학습 프로그램들을 보면 스페인어 등으로 작성된 가정통신문이나 활동지를 포함하고 있는데, 이는 문화적 배경이 다를 수 있는 가정을 고려해야 한다는 것을 보여준다. 우리나라의 경우 신현숙 교수와 제자들이 만든《중학생을 위한 사회정서학습 프로그램 학생용 워크북》은 수업 시간마다 학생들이 어떤 사회정서적 기술을 익혔는지 안내하는 가정통신문을 실어 활용하기 좋다.

　나아가 수업 시간에 익힌 기술을 가족과 함께 좀 더 적극적으로 익혀 볼 수 있도록 과제를 부여할 수도 있다. 예를 들어 수업 시간에 감정 표현과 공감 기술을 배웠다면, 가정에서 가족 간에 감정 표현을 하고 공감할 수 있도록 **구조화한 활동을 과제로 제시**할 수 있다. 특히 가족은 인간관계 가운데 가장 깊이 있으면서도 복잡한 정서적 교감이 이루어지는 관계다. 필자는 '우리 가족 감정 퍼즐 맞추기', '서로에게 감사한 것 열 가지 찾아 적어 주기', '마음챙김 하며 껴안기' 등과 같은 과제를 냈었다. 이러한 과제는 부모와 자녀의 관계에 긍정적인 영향을 미칠 뿐만 아니라 사회정서적 기술을 더 진지하게 연습할 수 있도록 유도하며, 가족과 함께하는 일상의 삶에서 지속되도록 하는 효과가 있다.

　다만 이러한 과제를 낼 때 유의할 점은 과제를 열심히 수행할 수 있도록 **동기 부여**를 잘해야 한다는 것이다. 또한 과제가 학부모에게 **부담되지 않도록** 적절한 수준에서 낼 필요가 있다. 해야 할 활동이나 적을 것이 너무 많고, 이런 과제를 자주 낸다면 자녀와 부모 모두 거부감을 느낄 수 있기

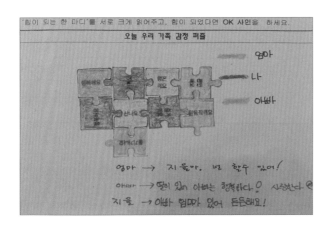

때문이다. 또 부모가 없는 학생도 고려해야 한다. 그런 학생들을 위해 활동지에 부모뿐만 아니라 **다른 가족이 대신할 수 있다는 것**을 적어 둘 필요가 있다.

사회정서학습을 가정과 연계하기 위한 또 한 가지 방식은 **전문적인 가정 연계 프로그램, 즉 부모 교육 프로그램을 따로 운용**하는 것이다. 즉 자녀의 사회정서적 발달 상황에 대해 정보를 제공하고 부모로서 어떻게 대응해야 하는지 알려 준 다음, 자녀와의 관계에서 필요한 사회정서적 기술을 익힐 수 있도록 전문적인 도움을 주는 프로그램에 부모가 참여하게 하는 것이다. 대표적인 프로그램으로는 **긍정적 부모 역할 프로그램**이라고 번역할 수 있는 **트리플 피**Triple P(Positive Parenting Program)가 있다. 트리플 피는 호주나 미국, 영국의 많은 학교가 사회정서학습을 위해 사용하는 대표적인 가정 연계 프로그램이다.

트리플 피는 유아부터 청소년까지 전 연령에 대해 육아와 가족 지원 전략을 제공하는데, 부모가 자녀의 행동에 자신 있게 대처하고, 부정적인 발달을 예방하며, 끈끈하고 건강한 유대감을 형성하도록 간단하면서도 실용적인 전략을 가르쳐 준다. 트리플 피 프로그램이 가진 특별한 장점의 하나는 위기 가정과 그렇지 않은 가정에 차별적으로 **체계적인 프로그램**을 제공한다는 것이다. 다음 그림은 부모 교육이 다양한 수준에서 어떻게 이루어지는지를 체계적으로 보여 준다.

〈트리플 피 수준별 부모 교육 개입 체계〉

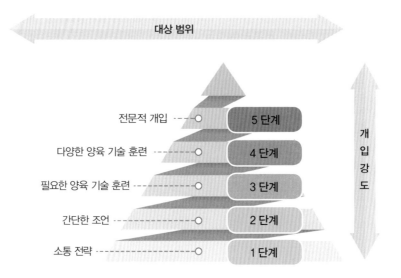

구체적으로 살펴보면, 가장 소극적인 단계에서 개입하는 방법은 **소통 전략**을 쓰는 것이다. 이 단계에서 학교는 사회정서학습을 어떻게 실시하는지 안내물을 만들어 배부하고 가정의 협조를 구한다. 이보다 높은 단계는 **간단한 조언**을 제공하는 것이다. 예를 들어 부모 교육 자료를 담아 가정통신문을 보내거나 부모 교육 특강을 마련해 초청하는 것이다. 세 번째 단계는 부모가 특별히 알아야 하는 **필요한 양육 기술 훈련**을 돕는 것이고, 네 번째 단계는 더 **다양한 양육 기술 훈련**을 하도록 하는 것이다. 이러한 훈련은 학교에서 마련한 장소로 초대해 소규모의 집단을 구성해서 실시할 수도 있고, 학부모 개인이 가정에서 온라인상으로 받을 수도 있다. 이런 프로그램에는 자녀의 발달 특성과 부모 교육 정보를 담은 **자료와 비디오 클립, 활동 자료** 등이 제공된다. 가장 높은 단계는 전문가가 직접 나서는 **전문적 개입**을 통해 가정의 갈등을 조정해 주는 것이다. 트리플 피는 이렇게 개입 수준을 나누고 거기에 적절한 프로그램을 제공함으로써 부모 교육을 체계적으로 도울 뿐만 아니라 부모가 접근하기 쉬운 방식으로 가정을 연계하고, 위기 학생의 가정과 그렇지 않은 가정에 달리 접근한다는 점에서 가정 연계 사회정서학습을 계획할 때 시사하는 바가 있다.

만일 사회정서학습을 하려는 교사가 가정 연계를 위해 부모 교육을 안내하고 싶다면, 활용할 수 있는 부모 교육 자료에는 어떤 것이 있을까? 교육부 국가평생교육진흥원이 운영하는 학부모On누리*, 경기도교육청이 운영하는 GSEEK지식** 홈페이지에는 부모 교육을 위한 정보들이 제공되고 있다. 이들 가운데는 인성교육과 관련한 자료들이 있는데, 예를 들어 〈가족갈등 어떻게 하면 좋을까요?〉, 〈밥상머리교육 4주 실천 프로젝트-밥상머리에서 행복찾기〉 같

- 학부모On누리-국가평생교육진흥원 전국학부모지원센터 www.parents.go.kr
- •• 경기도평생학습포털 GSEEK지식 www.gseek.kr

은 안내 자료는 가정 연계 사회정서학습을 위해서 활용할 수 있다.

사회정서학습이 효과적이기 위해서는 부모 교육 안내도 중요하지만 기본적으로는 **학교에서 배운 사회정서적 기술을 가정에서 부모와 연습해 보도록** 해야 한다. 그러면서 부모의 사회정서적 역량 발달도 자연스럽게 도울 수 있다. 이러한 측면에서 한국교육개발원에서 개발한 **'토닥토닥 공감교실'**은 활용하기 좋은 자료다. 이 프로그램은 사회정서적인 면에서 부모와 자녀가 함께 수행할 수 있는 활동들을 중심으로 내용이 구성되었다. 그러므로 사회정서학습을 실시하는 교사가 수업과 연계해 이런 프로그램을 운영한다면 가정 연계를 효과적으로 계획할 수 있다. 또 만일 학교에 재정 지원이 확보되어 있으며 학부모들이 학교 활동에 관심이 많고 협조적이라면, 학부모를 위한 사회정서학습 프로그램을 특강이나 캠프 형태로 추진해 볼 수 있다. 하지만 효과적인 가정 연계 프로그램을 만들어 배포하는 것은 교육 기관과 연구자들의 책임이므로 가정을 연계하기 위한 더 많은 연구와 자료 개발이 요청된다고 하겠다.

다행히 위기 학생에 대해서는 가정 연계를 위한 시스템이 있다. 바로 **Wee 클래스**다. 위기 학생의 가정을 연계하기 위해서는 Wee 클래스나 진로상담부에 협조를 구할 수 있다. Wee 클래스나 진로상담부는 정신건강이나 자녀의 사회정서적 발달과 관련된 부모 교육 자료를 가지고 있는 경우가 많다. 그러므로 교과 교사나 담임 교사가 가정 연계 수업을 계획하고 안내물을 제작할 때 상담 전문 교사와 협의하면 큰 도움이 될 것이다.

사회정서학습
수업 실제 1

Social and Emotional Learning

3부에서는 사회정서학습 수업을 어떻게 계획하고 실행할 수 있는지 대표적인 수업 예시 몇 가지를 유형별로 소개한다. 수업은 궁극적으로 교사가 가르치고자 하는 교육의 핵심적인 부분이다. 그럼에도 한 가지 유의할 점은 사회정서학습은 수업에만 국한된 것이 아니라는 사실이다. 수업 시간에 교사가 했던 한마디가 계기가 되어 학생이 대오 각성하는 일이 없지야 않겠지만, 수업만으로 없던 정서문해력이 생기고 대인 관계가 좋아지며, 자기 조절 능력이 일순간 발달하기를 기대할 수는 없다. 그러므로 사회정서학습을 실행하는 교사는 학생들이 수업에서 배운 내용을 일상에서 연습할 수 있도록 다양한 활동을 함께 계획해야 한다. 그뿐만 아니라 사회정서학습은 아동과 청소년의 사회정서적 발달에 따른 체계적인 접근을 지향하므로 학교급과 연령에 맞는 수업을 계획해야 한다. 그래서 각 장의 수업 예시마다 주요 사회정서적 역량과 기술, 수업 내용과 함께 관련 성취 기준, 관련 활동, 교과·생활 지도, 가정·지역 연계 활동 예시를 제시해 체계적인 실행을 돕고자 했다.

여기서 제시한 수업 예시들은 사회정서학습 프로그램들에 공통으로 나타나는 수업 매뉴얼을 참고해 우리나라 수업 환경에 적합하도록 재구성한 것이다. 다음은 이 책에서 제시하는 사회정서학습 수업의 흐름을 그림으로 나타낸 것이다.

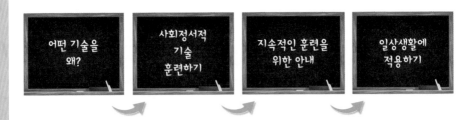

'**어떤 기술을 왜?**'는 수업의 **도입** 부분으로, '**발문**'과 '**주요 사회정서적 역량과 기술**'을 제시하는 부분이다. 사회정서학습 수업을 시작할 때 가장 중요한 것은 도입에서 학

생들이 어떤 사회정서적 기술을 배울 것인지 명확히 인지하고, 그 기술이 우리 삶에 왜 필요한지 느낄 수 있도록 유도해야 한다는 점이다. 그러므로 교사는 학생들이 흥미를 느끼고 관심을 가질 수 있도록 학생들의 삶과 관련지어 발문하고, 학습할 사회정서적 기술을 소개해야 한다. 이 책에서는 사회정서학습 수업의 특징적인 부분을 위주로 기술하기 위해 도입 부분은 간략하게 제시했다. 따라서 실제 수업에서는 학생들의 흥미와 학습 동기를 효과적으로 유발할 수 있도록 관련 글이나 이야기, 미디어 자료 등을 활용할 것을 제안한다.

'**사회정서적 기술 훈련하기**'는 말 그대로 본격적으로 사회정서적 기술을 훈련하는 부분이다. 사회정서학습을 가르치는 수업이 다른 수업과 다른 점은 **학생들이 기술을 직접 익힐 수 있도록** 기회를 제공한다는 것이다. 이때 교사는 일부 학생이 대표로 시범을 보이는 것이 아니라 **모든 학생**이 연습할 수 있도록 수업을 구조화해야 한다. 그러기 위해 2인에서 6인을 한 **모둠**으로 만들거나 모든 학생이 원형으로 앉아 돌아가며 기술을 연습할 수 있도록 **서클**을 만들 수 있다. 사회정서적 기술을 학생들이 쉽게 기억할 수 있도록 **상징을 만드는 활동**을 계획하는 것도 좋은 방법이다. 예를 들어 분노 조절 방법이나 책임 있는 의사 결정 단계, 스트레스 조절법, 행복한 생각 암호를 작은 카드나 책갈피, 포스터로 만드는 활동을 한 다음, 수업 후에 책상이나 사물함에 붙이거나 교실이나 복도에 게시하도록 할 수 있다. 아니면 특정 사회정서적 기술을 기억하기 쉽도록 **약어를 만들어 연습하는 수업**을 계획할 수도 있는데, 이는 많은 사회정서학습 프로그램이 애용하는 방법이다. 이를테면 필자는 상대를 존중하며 가르쳐 주는 대화 방법을 '오·물·기'라는 약어로 만들어서 가르쳤다. '오'는 오직 칭찬(비난 금지), '물'은 지시하지 말고 '이렇게 해 볼까?' 하고 물어보는 식으로 권유하는 것, '기'는 스스로 할 수 있도록 기다려 주기를 의미한다. 사회정서학습을 가르치는 목적은 아이들 삶에 실제로 도움을 주려는 것이므로 학생이 사회정서적 기술을 기억하기 쉽도록 '상징'이나 '신호'를 만드는 것이 좋다.

'지속적인 훈련을 위한 안내'는 수업을 **정리**하는 부분이다. 이 부분에서 교사는 배운 내용을 요약해서 **정리**하고, 활동 내용이나 학생의 질문에 칭찬과 답변을 포함한 **피드백**을 한다. 무엇보다 중요한 것은 활동을 통해 익힌 사회정서적 기술을 **일상생활에 적용할 수 있도록 안내**하는 것이다. 이를 위해서는 수업 시간에 만든 상징물을 어떻게 소지 또는 게시할지, 어려움이 있을 때 누구를 찾아가거나 어떤 안내를 참고하면 될지, 그 기술을 우리 학급에서 계속 사용하기 위해 어떤 약속을 만들지, 교사는 앞으로 그 기술 사용하는 것을 어떤 식으로 점검할지 안내한다.

'일상생활에 적용하기'는 **과제**를 통해 수업 시간에 배운 기술을 적용하도록 하는 부분이다. 명시적 수업을 위한 시간을 많이 확보한다고 하더라도 학생들이 수업 시간에 배운 기술을 자신의 것으로 만들기에는 충분하지 않다. 그러므로 교사가 과제를 통해 연습해 보도록 유도해야 한다. 학업 부담이 큰 우리나라 학생들에게 숙제를 내는 것이 꼭 좋은 방법은 아니지만, 다름 아닌 삶의 기술을 내 것으로 만들기 위해서는 실제 삶에서 연습해 볼 수 있도록 과제를 내는 것이 수업 효과를 높이기 위해 필요하다. 수업 시간에는 가상의 상황을 설정해 시험 삼아 연습하는 것이므로 자신의 삶 속에서 실제로 어려움이 발생했을 때 연습해 보는 것이 중요하다. 다만 수업 예시에서 제시하듯 모든 수업에 과제가 필요한 것은 아니며, 중요도와 수업의 전체적인 흐름을 고려해 적절하게 부여해야 한다. 이제 교육의 본령이라고 할 수 있는 수업에서 사회정서학습이 어떻게 이루어지는지 살펴보자.

13장

정서문해력
수업

정서문해력은 정서를 명확하게 **인식하고, 이해하며, 표현하는 능력**으로 사회정서학습의 **기초**를 이루는 능력이다. 최근 초등학교를 중심으로 정서문해력을 기르는 수업이 부쩍 증가했다. 하지만 중학교와 고등학교에는 복잡하고 미묘한 정서를 인식하고 세련되게 표현하는 것에 관한 수업 모델이 아직 부족한 형편이다. 정서 인식 수업은 '정서 명명, 정서 강도 이해, 표정으로 정서 이해하기, 상황에 적절한 정서 표현하기 등' 다양한 주제로 이루어질 수 있다. 이번 장에서는 대부분의 사회정서학습 프로그램이 명시적 수업을 시작할 때 다루는 정서 인식에 관한 수업 예시와 함께 다른 관련 활동 예시들을 제시해 학생의 발달 정도와 교과에 맞는 다양한 활동을 계획할 수 있도록 했다.

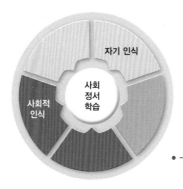

● 주요 사회정서적 역량과 기술

- 사회정서적 역량
  - 자기 인식, 사회적 인식
- 사회정서적 기술
  - 자신의 감정 명확하게 인식하기
  - 타인의 감정 명확하게 인식하기

● 관련 성취 기준

수준 영역	8~10세	11~12세	13~15세	16~17세	18~19세
자신의 감정 인식하기	• 자신의 감정에 이름을 붙일 수 있다. • 감정과 행동이 어떻게 연관되는지 설명할 수 있다. • 어떤 감정이 발생한 원인을 설명할 수 있다.	• 다양한 정서를 유발하는 상황을 말할 수 있다. • 강도에 따라 정서를 구분할 수 있다. • 감정에 신체가 어떻게 반응하는지 설명할 수 있다.	• 스트레스를 유발하는 요인을 찾을 수 있다. • 부정적인 정서를 주의가 필요한 상황으로 인지할 수 있다. • 문제 해결에 도움을 주거나 방해하는 감정을 분석해서 말할 수 있다.	• 감정과 생각이 의사 결정과 책임 있는 행동에 어떤 영향을 미치는지 말할 수 있다. • 자신의 실제 감정과 타인이 예상하는 나의 감정을 구분할 수 있다.	• 어떤 사건에 대한 자신의 해석 변화가 자신의 정서를 어떻게 변화시켰는지 설명할 수 있다. • 자신의 정서가 어떤 상황에 부합되는가를 확인하기 위해 자기를 성찰할 수 있다. • 어떤 감정을 완전히 이해하기 위해 그 감정이 나타나는 상황을 설명할 수 있다.
타인의 감정 인식하기	• 어떤 말과 행동이 타인에게 상처를 주는지 인식할 수 있다.	• 자신의 행동이 타인의 감정에 어떻게 영향을 미치는지 예측할 수 있다. • 타인의 감정을 이해하기 위해 경청할 수 있다.	• 정서 표현을 해석해서 타인의 요구를 인지할 수 있다.	• 언어, 신체, 상황의 신호로 타인의 감정을 인식할 수 있다. • 타인의 감정에 공감할 수 있다.	• 타인의 말에서 정서적인 것과 사실을 구분할 수 있다.

※ 이 성취 기준과 앞으로 각 장에서 제시할 성취 기준은 미국 일리노이주와 알래스카주의 사회정서학습 성취 기준 체계를 참조해 실제 수업을 계획할 때 활용하기 쉽게 재구성한 것이다. 연령에 따라 성취 기준을 구분했으나 실제 활용할 때는 학생과 교과의 특성과 요구에 맞게 선택하고 변형할 수 있다.

● 관련 활동 예시 ┠ ‐ ┨

- '표정 카드' 보고 감정 이름/정서 강도 알아맞히기 게임

- 몸짓과 표정으로 정서 알아맞히기 게임

- 감정체크판에 감정 분류해서 붙이기

- 자신의 감정을 감정체크판/분노 온도계/감정 출석부를 활용해 인식하기

- 내러티브(문학, 역사) 속 등장인물 감정 알아맞히기

- 내러티브(문학, 역사) 속 등장인물이 느낀 감정의 원인 찾기

- 감정 단어 빙고 게임

- 한 가지씩 감정을 맡아, 그 감정을 잘 드러내는 미디어 창작물 찾아 발표하기

- 여러 감정이 드러나는 시나리오를 만들어 모둠별 역할놀이를 하고 감정 리스트
  알아맞히기 게임

- 같은 감정 다른 상황/같은 상황 다른 감정 토론하기

- 정서가 신체 어디서 경험되는지 브레인스토밍 하기

- 정서의 발원지를 찾는 마인드맵 그리기

- 스트레스를 유발하는 감정에 대해 토론하기

- 타인에게 힘이 되는/상처 주는 말과 행동 목록(안내 책자) 만들기

- 자신의 감정을 인식하고 원인과 영향을 성찰하는 감정일기 쓰기

- 정서를 제대로 이해할 수 있는 법에 대해 토론하기

- 화가 나서 다툼이 벌어지는 상황극을 보고 등장인물의 대화 속에서 사실과 감정
  구분하기

- 점차 깊이 관찰하는/역할을 바꾸는 활동으로 타인에게 잘 공감할 수 있는
  방법에 대해 브레인스토밍 하기

제 목	나의 감정을 맞춰 봐!	
성취 기준	자신의 실제 감정과 타인이 예상하는 나의 감정을 구분할 수 있다.	
인성 요소	자기 관리, 공감	
학습 주제	자신의 감정과 타인의 감정을 예리하게 인식하기	
학습 목표	자신의 실제 감정과 타인의 감정을 예리하게 인식하고 차이를 성찰할 수 있다.	
계열성	이전 단계	다양한 정서 단어에 이름 붙이기
	다음 단계	정서의 원인을 분석하고, 행동과의 연관성 찾기
수업 준비	자리 배치	모둠(4명씩)
	준 비 물	카드 봉투, 카드 여러 매(A4 용지를 두 번 접고 잘라서 준비)
수업 전개	▨ 어떤 기술을 왜? ① 발문: 나와 타인의 감정에 명확하게 이름을 붙일 수 있으면 무엇이 좋을까? ※ 감정에 명확하게 이름을 붙일 수 있으면 자기 자신을 더 정확하게 이해하고 감정을 적절하게 표현할 수 있으므로 갈등을 예방하거나 해결할 수 있으며, 타인을 잘 이해하고 원활하게 소통하는 장점이 있다. ② 이번 시간에는 자신과 타인의 감정을 명확하게 인식하는 연습 해 보기 안내 ▨ 사회정서적 기술 훈련하기 ① 감정을 쪽지에 적기: 지난 일주일을 되돌아보고 강한 감정이 유발된 상황(예: 지나가다 친구가 내 인사를 받지 않았을 때, 부모님이 심하게 싸우셨을 때, 교실 앞에서 모둠 대표로 과제를 발표했을 때)을 떠올려 쪽지에 적는다. ② 쪽지를 두 번 접어 걷고 하나의 통에 넣어 섞는다. ③ 교사가 쪽지 하나를 뽑아 상황을 읽어 준다. ④ 그 상황에서 내가 느낄 만한 감정을 생각해 학습지에 적는다. (다른 모둠원이 보지 않도록 주의) **Tip**: 상황에 대해 비슷한 감정을 느낄 수 있지만, 학생마다 전혀 다른 감정을 느낄 수도 있다. 이를테면 수업 시간에 칭찬받을 때 어떤 학생은 쑥스러울 수 있고, 어떤 학생은 자신만한 감정을 느낄 수 있다. 그러므로 상황에 따라 사람마다 느끼는 감정이 다를 수 있음을 알도록 지도한다.		

수업 전개	⑤ 모둠별로 그 상황에서 친구가 어떤 감정을 느꼈을지 생각해 카드에 적고, 모둠 친구의 봉투에 넣는다. **Tip**: 구체적인 정서 단어를 가능한 한 예리하게 생각해서 적는다. 예를 들어 '싫다' 보다 '서운하다, 서글프다, 서럽다, 참담하다' 같은 구체적인 단어를 적도록 한다. ⑥ 한 명씩 돌아가며 봉투에서 카드를 꺼내 차례대로 읽는다. ⑦ 자신의 감정을 가장 예리하게 맞힌 사람을 뽑아 칭찬한다. **Tip**: 친구들의 카드를 본 후 자신이 적은 내용을 수정할 수도 있음을 알려 준다. 예를 들어 조금 서운할 것 같았는데 너희 카드를 보고 생각해 보니 더 서글프고, 친구가 원망스러울 것 같아. ⑧ 교사가 다른 쪽지를 뽑아 여러 차례 반복한다. ⑨ 학습지에 활동 내용을 정리한다. ▓ 지속적인 훈련을 위한 안내 ① 감정이 행동에 미치는 영향을 설명하고 감정 조절의 필요성을 강조한다. ② 감정 목록과 감정체크판을 교실에 게시해 때때로 자신과 타인의 감정을 인식해 보도록 안내하고 수업을 마무리한다.
일상생활에 적용하기	감정일기 쓰기 과제

교과 연계		
	국어	내러티브 속 등장인물의 감정에 대해 토론하기
	수학	감정일기 쓰고, 감정을 분류해서 통계 그래프 그리기
	영어	사진 속 표정 보고 감정 단어 알아맞히기 게임
	사회	어떤 상황에서 사회적 약자가 어떤 감정을 느낄지 토론하기
	음악, 미술	작품에서 느낄 수 있는 감정 브레인스토밍

생활지도 연계	매일/수시로 감정체크판에 자신의 감정 표시해 보기 ※ 감정체크판을 교실 벽에 부착하면 학생들이 평소에 정서 인식을 연습하도록 도울 수 있다.
가정 연계	가족과 할 수 있는 '나의 감정을 맞춰 봐!' 과제 내기
지역 연계	119에 들어오는 무례한/부적절한 민원 사례를 살펴보고 감정, 생각, 행동이 서로 미치는 영향을 표현하는 마인드맵 만들어 오기 과제 내기

학습지

1. 활동을 마친 후 자신이 쪽지에 쓴 상황에 대해 나의 감정이 어땠는지 정리해서 적어 보자.

_____

2. 나는 자신의 감정을 잘 알고 있나?

   ① 매우 잘 알고 있다.

   ② 잘 아는 편이다.

   ③ 보통이다.

   ④ 잘 모르는 편이다.

   ⑤ 잘 모르겠다.

3. 그 감정이 나의 행동에 어떤 영향을 미쳤는지 적어 보자.

_____

4. 친구가 느낄 만한 감정을 잘 예상했나?

   ① 매우 잘 예상했다.

   ② 잘 예상한 편이다.

   ③ 보통이다.

   ④ 예상하지 못하는 편이다.

   ⑤ 전혀 예상하지 못했다.

5. 다른 사람의 감정을 예리하게 인식하는 것의 좋은 점을 적어 보자.

_____

6. 활동 후 느낀 점을 적어 보자.

_____

● 자기 인식이 왜 필요할까? ┣ -●

감정 인식하기 기술은 자기 인식 역량의 주요 기술이다. 그런데 어떤 사람은 '감정을 잘 알아차리는 것이 꼭 도움이 될까?'라는 의문을 제기할 수도 있을 것 같다. 예를 들어 고통스러운 상황이라면 그런 감정을 인식하고 싶지 않을 수도 있지 않을까? 그런데 자기 인식 역량은 감정에 반응하는 것과 차이가 있다. 즉 고통스러운 감정을 인식하고 그 감정에 휩싸여 괴로워하는 것과는 다르다. 오히려 고통스러운 상황에서조차 자신을 성찰할 수 있는 상태를 유지하는 역량이라고 할 수 있다.

정서 지능을 대중적으로 알리는 데 공헌한 대니얼 골먼은 자기 인식 능력을 정서 지능의 핵심 역량으로 여겼다. 정서를 인식하는 능력이 부족한 사람은 정서에 휘둘리는 삶을 살 가능성이 높으며, 자신의 정서에 확신이 강한 사람이 자기 삶을 더 잘 이끌 수 있다. 그래서 그는 자기 인식 능력이 모든 사회정서적 기술의 기초라고 주장했다.

비슷한 맥락에서 다중지능MI(Multiple Intelligence)으로 유명한 하워드 가드너Howard Gardner 역시 자기 인식 능력과 관련된 자기성찰지능intrapersonal intelligence이 모든 지능을 활성화하는 동인動因으로서 의미가 크다고 강조했다. 자기성찰지능은 정확한 자기 이해와 자기 조절을 토대로 목표를 설정하고, 자기 성찰을 촉진하며, 목표를 이루기 위해 동기화하는 능력을 의미한다. 실제로 경험 연구에 따르면, 자기 인식 능력이 뛰어난 사람은 자신과 상황에 대한 몰이해로 발생할 수 있는 부적응을 감소시켜 안정적인 대인 관계를 형성하며, 주어진 환경을 적절히 통제하고, 자율성이 높으며, 자신의 가능성을 실현할 수 있는 목표 설계 능력이 뛰어나고, 긍정적이고 의미 있는 삶을 사는 경우가 많았다고 한다.

흔히 자신의 감정과 상황을 잘 인식하지 못하는 아이들은 자기주장이나 정당한 요구하기를 어려워하고 다른 사람에게 의사결정권을 넘기며, 정서를 잘 표현하지 못해 불만족스러운 대인 관계를 형성하는 경우가 많다. 그러므로 그런 아이들이 학교생활에 잘 적응하도록 돕기 위해 학교는 학생들에게 스스로를 인식할 수 있는 역량을 길러 주어야 한다.

14장

의사소통
기술 수업

의사소통 기술은 타인과 원만한 관계를 유지하기 위해 반드시 익혀야 할 사회 정서적 기술로 '**공감**하며 대화하기', '**요청**하고 **거절**하는 대화하기', '**관계를 형성·유지·발전**시키기 위한 대화하기', '**상황과 상대에 적절하게** 대화하기' 등이 있다. 이러한 의사소통 기술은 말하고 듣는 것뿐만 아니라 표정이나 몸짓 분위기 같은 **비언어적 신호**를 해석해서 적절하게 대응하는 것까지 포함한다. 이번 장에는 **부정적인 또래 압력을 거절하는 대화** 방법을 연습하는 수업을 담았다. 청소년기에 일어나는 문제 행동은 친한 친구의 제안을 거절하지 못해 발생하는 경우가 많다. 그러므로 친구가 잘못된 행동을 함께하자고 제안했을 때 어떻게 하면 완곡하게 거절하고 불행한 선택을 예방할 수 있는지 가르쳐 줄 필요가 있다. 그뿐만 아니라 청소년기는 살면서 겪을 수 있는 어려움을 극복하고, 자신의 바람을 이루기 위해 현명하게 대화하는 방법들을 익혀야 할 중요한 시기다. 따라서 부정적인 또래 압력을 거절하는 대화 외에도 필요한 의사소통 기술을 익힐 수 있는 활동들을 함께 제시해 활용할 수 있게 했다.

● 주요 사회정서적 역량과 기술

- 사회정서적 역량
  - 대인 관계
- 사회정서적 기술
  - 의사소통 기술

  (부정적인 또래 압력을 거절하는 대화하기)

● 관련 성취 기준

수준 영역	～10세	11～12세	13～15세	16～17세	18～19세
듣기	• 다른 사람이 말할 때 집중할 수 있다.	• 다른 사람의 말을 온몸으로 들을 수 있다.	• 다른 사람의 이야기를 들을 때 자신의 태도와 생각을 성찰할 수 있다. • 어떤 사건에 대한 소문이나 타인에 대한 부정 평가를 반성적으로 들을 수 있다.	• 건설적인 비판을 수용하며 들을 수 있다.	• 고정 관념과 편견에 대해 비판적으로 들을 수 있다.
대화하기	• 말할 때의 에티켓(존댓말, 부탁합니다, 감사합니다, 실례지만…)을 사용할 수 있다. • 상황과 장소에 따라 말소리 크기와 속	• 갈등을 해결하기 위해 자신의 감정을 적절하게 표현할 수 있다. • 친구 관계를 형성하고 유지하기 위한 대화(공감, 위로, 격려,	• 부정적인 또래 압력을 거절하는 대화를 효과적으로 할 수 있다. • 갈등을 중재하는 대화를 할 수 있다.	• 갈등 해결이나 협력이 필요한 상황에서 어떤 대화를 해야 할지 분석, 평가할 수 있다.	• 가족, 친구, 교사와의 관계에서 자신의 의사를 성찰할 수 있다. • 타인에 대해 공감/관점의 이해를 표현할 수 있다.

대화하기	도, 어조를 적절하게 조절할 수 있다. • 친구와 놀거나 협력하기 위해 말을 건넬 수 있다.	유머)를 할 수 있다.		• 원윈Win-win하도록 협상하는 대화를 할 수 있다.

● 관련 활동 예시 ┝-----------------------------------●

- 서클(원형)을 만들어 돌아가며 존중하는 대화하기

- 말을 다르게 할 때 말에 집중해서 정답을 맞혀야 하는 퀴즈 게임하기

- 어떤 이슈에 대해 찬반을 나누어 토론한 뒤, 입장을 바꾸어 토론하기

- 비폭력 대화 연습하기

- 2인 1조로 온몸으로 듣기 연습하기

- 토론 참여 후 토론 참여자의 대화 기술 평가하기

- 많은 사람에게 존경받는 지도자나 유명인의 대화 기술 분석하기

- 내러티브 속 인물들의 대화 기술 분석하기

- 공감, 위로, 격려하는 말을 적는 롤링 페이퍼 만들기

- 갈등 상황에서 서로 원윈할 수 있는 대화 시나리오 만들기

- 어떤 부정적인 사건이나 인물에 대한 이야기를 듣고 비판적인 질문하기

- 평소 자주 실수하는 존댓말 알아맞히기 퀴즈 게임

- 상대를 도와줄 때 무시하지 않고 말하는 방법 연습하기

● **수업 예시** ┣- ┫

제 목	따 · 싫 · 다 · 피로 말해요	
성취 기준	부정적인 또래 압력을 거절하는 대화를 효과적으로 할 수 있다.	
인성 요소	신념, 신의, 절제	
학습 주제	부정적인 또래 압력을 거절하는 말하기	
학습 목표	따·싫·다·피 말하기 방법으로 부정적인 또래 압력을 거절하는 말하기를 효과적으로 할 수 있다.	
계열성	이전 단계	친구 관계를 원만하게 유지하기 위한 대화하기
	다음 단계	친구 간에 서로에게 건설적인 대화하기
수업 준비	자리 배치	원형
	준 비 물	학습지, PPT, 상황 제시 쪽지, 쪽지 담을 통

수업 전개	▓ 어떤 기술을 왜?
	  ① 발문: 평소 나는 상대방과 원만하게 의사소통을 잘 하나?
	  ② 나 자신을 잘 관리하면서도 좋은 관계를 유지하는 데 도움이 되는 의사소통 방법 익혀 볼 것을 안내
	
	▓ 사회정서적 기술 훈련하기
	  ① 부정적인 또래 압력의 예 브레인스토밍 하기
	    ※ 부정적인 또래 압력: 나에게 해가 되는 것을 친구가 권유해서 갈등하는 상황
	  ② 부정적인 또래 압력을 거절하는 대화(따·싫·다·피) 설명하기
	    따: 나에게 해가 되는지 따져 보기. 해가 된다면
	    싫: 싫다고 말하기.
	    다: 다른 대안 제시하기. 친구가 계속 권유한다면
	    피: 자리 피하기.
	    ※ 유의사항: 음주, 흡연, 비행(폭력 가담, 무단결석, 운전, 절도 등)같이 심각하게 부정적인 또래 압력에 대해서는 단호하게 '싫다'고 거절하도록 지도한다.
	  ③ 한 명씩 돌아가며 부정적인 또래 압력 상황을 적은 쪽지를 뽑는다.
	  ④ 바로 옆의 친구와 역할놀이를 통해 따·싫·다·피로 말하기를 연습한다.
	  ⑤ 다음 옆에 앉은 학생이 종이를 뽑아 위의 활동을 차례대로 돌아가며 연습한다.	

수업 전개		▨ 지속적인 훈련을 위한 안내 ① 따·싫·다·피 내용이 적힌 포스터를 교실 앞에 게시한다. ② 실제로 부정적인 또래 압력이 있을 때 따·싫·다·피를 실천할 것을 당부하고 마무리한다.
일상생활에 적용하기		부정적인 또래 압력 상황에서 거절하는 말하기를 실천하고 소감을 담은 보고서 쓰기 과제
교과 연계	국어	청소년의 삶을 담은 소설책을 윤독하고, 인물들의 대화 기술 분석하기
	수학,과학, 기술	어려운 문제를 친구에게 알려 줄 때 상대를 존중하면서 배려하는 말하기 훈련
	사회	국회의 토론 장면을 보고 공적인 장소에서 대화하는 방법을 토의해 정리하기
	체육	경기가 있는 수업을 마칠 때 힘이 되었던 친구의 말을 붙임 종이에 적어 게시하기
생활지도 연계		충동적인 행동(소리 지르기, 물건 던지기, 주먹 휘두르기, 울음 터뜨리기, 도망가기)을 자주 하는 학생에게 '나-전달법' 지도하기
가정 연계		가족 간에 상처가 되었던 말을 한 가지씩 적고, 비폭력 대화법으로 바꿔 말하기 과제 내기
지역 연계		서비스업에 종사하는 사람들에게 존중하는 말하기와 상처 주는 말하기를 조사하고, 공익 포스터를 만들어 게시하는 프로젝트 수행하기

부정적인 또래 압력 상황

▣ 학습지

친구가 담배 한 번만 피워 보자고 하는 상황	친구가 술 한 번만 먹어 보자고 하는 상황
시험을 앞두고 친구가 PC방에서 게임 딱 한 판만 하자고 하는 상황	수업 시간에 친구가 선생님이 정해 준 자리를 바꿔 앉자고 하는 상황

친구가 다른 약한 친구를 같이 놀려 주자고 하는 상황	쉬는 시간에 친구가 다음 시간까지 해야 하는 숙제를 하지 말고 같이 놀자고 하는 상황
친구가 마음에 안 드는 후배를 같이 혼내 주자고 하는 상황	친구가 밖에서 밤새 놀자고 하는 상황

● 비폭력 대화에 대하여 ┄┄┄┄┄┄┄┄┄┄┄┄┄┄┄

의사소통 기술은 원만한 대인 관계를 유지하기 위해 꼭 필요한 기술이다. 그래서 사회정서학습은 기본적으로 주의를 기울여 듣고 말하는 것부터 공감, 요청, 거절하는 대화하기처럼 대인 관계에서 중요한 의사소통 기술을 훈련한다. 이런 훈련에는 목소리 크기와 어조부터 복잡한 상황에서 대화하는 방법까지 다양한 주제가 포함된다. 그 중에서도 갈등 상황을 원만하게 해결하기 위한 비폭력 대화는 많은 사회정서학습 프로그램이 중요하게 다루는 의사소통 기술이다.

임상심리학자인 마셜 로젠버그Marshall Rosenberg가 1960년대에 개발한 '비폭력 대화nonviolent communication'는 대화 현상을 자칼과 기린의 대화로 설명한다. 자칼은 "네가 잘한 게 뭐 있어?", "난 잘못이 없어.", "만약 네가 그런 식이라면 가만있지 않을 거야.", "넌 그래야만 해!"라는 식으로 말해 상대를 비난하고 자극하며 책임을 전가하고, 자신의 바람을 강압적으로 표현한다. 반면 기린은 사실을 있는 그대로 관찰하고, 해석하지 않고 느끼며, 자신의 바람이 무엇인지를 말하고, 상대에게 선택권을 포함하는 의문문의 형태로 부탁을 한다. 기린의 대화는 자신뿐만 아니라 타인의 감정을 인식해서 표현함으로써 감정이 공명하는 공감을 발생시키며, 이를 통해 연민 어린 대화를 할 수 있도록 이끈다. 다음은 기린이 나누는 대화의 핵심 요소를 정리한 것이다.

관찰: 어떤 상황에서 있는 그대로 무엇이 일어나는지를 관찰

느낌: 그 행동을 보았을 때의 느낌

욕구: 자신이 포착한 느낌이 내면의 어떤 욕구와 연결되는지 표현

부탁: 내 삶을 더 풍요롭게 하기 위해 다른 사람이 해 주기를 바라는 것

각각의 단계는 반드시 순서를 지켜야 하는 것은 아니지만 하나의 언어를 습득하듯 이 연습하는 것이 중요하다. 여기서 사회정서학습 성취 기준에 제시된 '나-전달법'은 저학년 학생을 대상으로 비폭력 대화 훈련을 시작하는 데 좋은 방법이다. 그런데 수업 대상이 고학년이더라도 관찰, 느낌, 욕구, 부탁의 단계를 기억해서 연습하기에는 어려운 면이 있다. 그래서 필자는 조미혜 작가가 만든 '나사감바로 말하기'●를 활용했다. '나사감바', '따싫다피'처럼 사회정서적 기술의 단계를 앞 글자를 따서 학생들이 기억하기 쉽도록 하는 것은 많은 사회정서학습 프로그램이 즐겨 사용하는 방법이다. '나사감바'의 의미는 다음과 같다.

● 조미혜, 《나는 왜 내 마음을 모를까》, 지음과모음, 2016.

나: '너는'이 아니라 '나는'으로 시작하기

사: '판단'이 아니라 '사실'을 말하기

감: 당시에 내가 느낀 '감정' 이야기하기

바: '바라는 점' 이야기하기

이렇게 앞 글자를 따서 비폭력 대화의 형식을 익힌다 하더라도 중요한 것은 상대를 수용하고 공감하려는 마음이다. 그러므로 교사는 학생들이 방법을 형식적으로 외우지 않고, 관계의 소중함과 감정 교류의 중요성을 성찰하도록 유의해서 가르쳐야 한다. 이와 같이 의사소통 기술을 익힐 때 원형으로 자리를 배치하고 한 명씩 돌아가면서 연습하면 모든 학생이 연습할 수 있고, 동시에 공감과 존중하기처럼 대인 관계에서 중요한 기술을 함께 익힐 수 있다.

15장

회복탄력성
수업

회복탄력성은 살면서 부딪칠 수 있는 역경과 시련에 굴복하거나 좌절하지 않고, 그것을 발판 삼아 용수철처럼 튕겨 올라 자신의 삶을 개척해 나가는 특성을 의미한다. 사회정서학습은 회복탄력성을 길러 줌으로써 학생들로 하여금 삶을 성공적으로 살아갈 수 있는 마음의 근육을 키워 주고자 한다. 이번 장에서는 이러한 회복탄력성을 기르기 위한 방법의 하나로 도움자원 지도를 그리는 수업을 소개한다. 다른 사람에게 도움을 요청하는 것이 어찌 보면 나약하고 의존적이라고 생각할지 모르지만, 어려움이 닥쳤을 때 **도움자원들을 스스로 찾아서 활용할 줄 아는 능력**은 역경에도 흔들리지 않고 성공한 인물들이 많이 공유하는 특성이다. 다른 사람에게 무조건 문제를 해결해 달라는 것이 아니라, 내가 도움 받을 만한 자원을 주도적으로 활용하는 것이기 때문이다.

많은 사회적 자원이 교사를 통해 아이들에게 안내되기는 하지만, 회복탄력성이 낮은 아이들은 흘려듣거나 회피하는 경우가 많다. 이번 장은 학생들이 도움자원을 스스로 찾아보고 도움을 구하는 연습을 함으로써 실제 도움자원 구하기를 할 수 있도록 설계했다.

● **주요 사회정서적 역량과 기술**

• 사회정서적 역량
 – 자기 관리, 관계 기술
• 사회정서적 기술
 – 낙관적으로 사고하기, 자아효능감 갖기, 의사소통 기술, 관계 형성 및 유지하기, 목표를 세우고 추진하기, 공감 기술, 협력 기술, 도움 구하기

● **관련 성취 기준**

수준 영역	~10세	11~12세	13~15세	16~17세	18~19세
개인적 특성 활용하기	• 자신이 잘하는 것을 설명할 수 있다.	• 공동체의 일원으로서 자신이 지닌 개인의 자질을 설명할 수 있다.	• 자기 성찰을 통해 자신이 지닌 강점, 약점, 잠재력을 평가할 수 있다.	• 자신의 관심과 장점에 근거해 진로와 봉사 기회를 탐색할 수 있다.	• 엄밀한 자기 평가에 근거해 자아존중감을 가질 수 있다.
목표를 세우고 추진하기	• 자신의 목표(꿈)를 찾아 발표할 수 있다.	• 단기 목표와 장기 목표를 구분하고, 목표를 달성하기 위해 밟아야 할 단계들을 설명할 수 있다. • 단기 목표를 추진하고 관리할 수 있다.	• 학업, 진로, 긍정적인 사회적 상호 작용, 개인의 성품 발달을 위한 목표들을 설정하고 추진할 수 있다. • 위기에 대처하기 위해 계획을 세우고 추진할 수 있다.	• 자신을 변화시킬 수 있는 것을 찾아 몰입할 수 있다.	• 목표를 세우고 추진하는 방식을 평가하고 관리할 수 있다.

긍정성 갖기	• 감사할 만한 일들을 찾아 발표할 수 있다.	• 긍정적인 태도를 발전시키기 위한 방법들을 설명할 수 있다.	• 자신의 자질과 환경을 평가하고 부정적인 영향에 거리를 둘 수 있다.	• 과제를 수행할 때 자기 태도(낙관주의/비관주의)의 영향을 공정하게 평가할 수 있다.	• 회복탄력성을 증진하기 위한 기술을 자신이 얼마나 지녔는지 종합적으로 평가할 수 있다.
도움 구하기	• 어른이 필요한 상황을 설명할 수 있다. • 학교에서 도움을 주는 어른이 주로 어디에 있는지 설명할 수 있다. • 어려움이 있을 때 도움을 요청할 수 있다. • 어떤 어른이 신뢰할 만한지 구분할 수 있다.	• 문제를 해결하는 데 도움을 주는 친구, 가족이 누구고 어떤 학교 지원이 있는지 설명할 수 있다.	• 도움자원을 어떻게 찾고 활용해야 하는지 설명할 수 있다.	• 도움 요청하기가 자신에게 미친 긍정적/부정적 영향을 평가할 수 있다.	• 도움을 구하는 과정과 결과를 성찰하고 평가할 수 있다.
공동체에 참여하기	• 자신이 속한 공동체를 위해 기여했을 때 보람을 표현할 수 있다.	• 자신이 소속된 공동체의 일원으로 활동하고, 그 공동체가 갖는 의미와 가치를 설명할 수 있다.	• 긍정적인 또래 공동체에 자발적으로 참여하고 협력할 수 있다.	• 자신의 성공적인 삶을 위해 기회를 제공해 주는 학교나 지역 사회 공동체의 일원이 되어 활동할 수 있다. • 자신과 타인이 학교나 지역 사회의 일원으로서 기여한 바를 평가할 수 있다.	• 스스로 자신의 성공적인 삶을 위한 공동체를 조직할 수 있다. • 자신과 타인이 공동체의 일원 또는 리더로서 기여한 바를 평가할 수 있다.

※ 회복탄력성 관련 기술 중 의사소통 기술, 충동 조절 기술의 성취 기준은 다음 장에 제시했다.

● **관련 활동 예시**

- 자신이 가진 강점/자질을 목록으로 만들어 전시하기

- 도움자원 찾기 게임(보물찾기 게임 방식 활용)

- 극복을 위한 방법들을 발자국 모양 안에 적고 바닥에 붙인 후, 극복을 위한 발걸음으로 복도나 계단에 전시하기

- 수학이나 물리 문제를 풀 때 자신의 태도를 관찰하고, 자신의 삶의 태도와 비교해서 성찰하기
- 자신에게 영향을 준 것들을 콜라주로 표현하고 긍정적/부정적이었는지 평가하기
- 보건/상담/교장 선생님을 만나 어떤 도움자원이 있는지 인터뷰하기
- 만약에 어떤 위험이 닥친다면 누구의 선택이 가장 현명한지 판단하는 '만약에…' 게임하기
- 전학생을 위한 우리 학급(학교) 생활 안내서 만들기
- 성공적인 학교생활을 위한 시나리오를 만들고 홍보 팸플릿/포스터 제작해서 품평하기
- 자신의 동아리(취미, 봉사, 학습 등)가 어떻게 동아리 구성원을 도와주고 공동체에 기여하는지 설명하는 동영상 만들기
- 모둠별 과제를 수행하고 다르게 했더라면 좋았을 일에 대해 생각해 보는 활동하기
- 부정적인 습관을 바꾸기 위한 21일간의 습관 마일리지 과제 수행하기
- 어려움을 극복한 롤 모델을 찾아 인터뷰하기
- 특정 분야의 전문가들이 어떻게 목표를 세우고 추진하는지 조사하기

● **수업 예시** - ◆

제 목	도움자원 지도 그리기
성취 기준	도움자원을 어떻게 찾고 활용해야 하는지 설명할 수 있다.
인성 요소	자주, 도전, 끈기
학습 주제	도움자원 지도 그리기

학습 목표	삶에 어려움이 생겼을 때 어떤 도움자원의 지원을 받을 수 있는지 스스로 찾고 설명할 수 있다.	
계열성	이전 단계	주변의 도움자원 확인하기
	다음 단계	자신의 도움 요청 경험에 대해 평가하기
수업 준비	자리 배치	모둠
	준 비 물	학습지, 색칠 도구

▨ 어떤 기술을 왜?

① 발문: 평소 힘든 일을 겪을 때 어떻게 대처하나?

   ※ 힘든 일 예시: 전학, 이사, 성적, 진로, 친구 관계 문제, 부모와의 갈등, 이성 친구 문제, 외모 고민, 지병 등

▨ 사회정서적 기술 훈련하기

① 모둠별 도움자원 지도 그리기: 청소년이 힘들 때 도움을 줄 수 있는 조력자들을 찾아보고, 나와 가까이 있을수록 가운데 가깝게 위치시켜 적는다.

② 돌려 보기: ①의 도움자원 지도를 옆 모둠으로 차례차례 돌려 본다. 이때 우리 모둠에서 생각하지 못한 자원을 주의해서 보고, 적절하지 않다고 판단되는 도움자원은 모둠의 토의를 통해 그 내용을 연필로 첨삭한다.

③ 수정하기: 우리 모둠의 지도가 원위치로 오면 다른 모둠의 지도에서 발견한 새로운 도움자원을 추가하고, 첨삭 받은 내용을 참고해 우리 모둠의 지도를 완성한다. 완성된 지도는 게시할 수 있도록 그리기 도구를 이용해서 꾸민다.

④ 발표하기: 완성된 도움자원 지도들을 자석을 이용해 칠판에 게시하고, 모둠별로 나와서 발표한다. 교사는 발표 내용에 대한 칭찬, 이유와 특이 사항에 대한 질의 등으로 피드백한다.

⑤ 학생들이 생각하지 못한 지역 사회 서비스 기관에 대해 안내하고, 지도에 추가하도록 한다.

▨ 지속적인 훈련을 위한 안내

① 완성된 지도를 교실 게시판이나 복도, 휴게실에 비치할 것을 알린다.

   Tip: 교사는 학생들을 돕는 전문 기관의 번호 등을 함께 게시하거나 관련 자료들을 함께 비치해서 안내해 줄 수 있다.

(왼쪽 셀: 수업 전개)

수업 전개	② 활동 소감을 묻고, 도움자원 찾기의 중요성을 강조한 후 수업을 마무리한다.

일상생활에 적용하기	자신의 고민거리에 대해 실제 도움을 요청하고 과정, 결과, 소감이 담긴 보고서 만들기

교과 연계	국어	정중하게 도움을 요청하는 말하기 연습하기
	수학	어려운 수학 개념에 대한 설명과 문제 풀이를 친구에게 요청하고, 도움 구하기가 또래 관계에 미치는 영향 발표하기
	영어	도움을 구하는 다양한 표현 익히기
	사회	지역 사회의 다양한 사회적 서비스를 조사하고, 필요한 이유와 부족한 점에 대해 토론하기 '내가 시장이라면?' 어떤 사회복지망을 만들지 구상하기
	진로	진로 멘토를 찾아 도움을 받는 프로젝트 수업
	음악, 미술	지역 사회에서 제공하는 무료 또는 저렴한 비용의 예술, 체육 서비스를 조사해서 발표하고, 체험 보고서 쓰기

생활지도 연계	고민거리가 있는 학생에게 수업 시간에 학습한 다양한 도움자원에 대해 안내하고, 도움 구하기 독려하기

가정 연계	가족이 서로 고민거리를 이야기하고 도울 수 있는 것을 생각해서 일주일 동안 실천해 보는 과제 내기

지역 연계	지역 사회 문화센터, 복지 기관, 건강증진센터 인사를 초청하거나 찾아가서 도움자원을 안내 받고 질문하는 체험 학습 계획하기

🔖 학습지

내가 힘든 상황일 때 도움을 받을 수 있는 조력자들을 떠올려 보고 내게 가까이 있을수록
가운데 가깝게 위치시켜 표시해 보자.

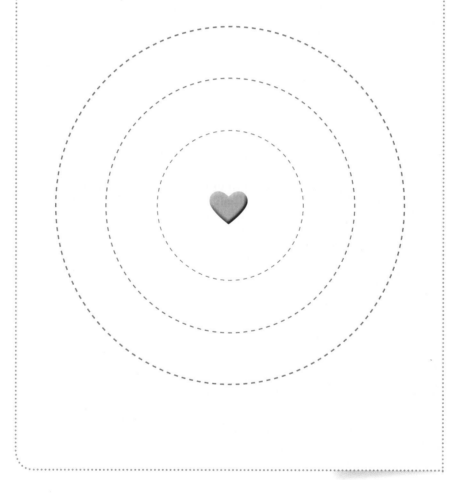

회복탄력성resilience은 좁게는 스트레스에 긍정적으로 대처하는 능력을 가리키지만, 넓게는 변화와 도전, 좌절, 곤란한 상황이나 역경에 유연하게 대처해서 일정 수준 이상의 웰빙well-being 상태로 복귀하는 능력을 의미한다. 회복탄력성이 현대 교육학의 주요 주제인 것은 어려운 환경 속에서도 개인이 가진 잠재력을 발현할 수 있는 방법이 무엇인지를 묻는 교육학의 오래된 물음이기 때문이기도 하지만, 심각해진 아동과 청소년의 정신건강 문제와 이를 개선 또는 예방하려는 교육적 경험이 많아졌기 때문으로도 볼 수 있다. 특히 사회정서학습은 회복탄력성 교육과 연결 고리가 많다. 무엇보다 어떤 문제가 발생한 뒤에 부족한 부분을 채워 주기보다는 모든 학생을 대상으로 회복탄력성을 가르침으로써 학생이 살면서 겪을 수 있는 문제들에 효과적으로 대처할 수 있도록 돕고자 하는 공통점이 있다.

같은 상황에서도 어떤 아이는 잘 견디고, 희망을 발견하며, 스스로에게 동기를 부여하지만, 어떤 아이는 심한 좌절감을 맛보고, 세상을 원망하며, 할 수 있는 일들을 포기한다. 전자와 같이 회복탄력성이 높은 아이들은 대체로 네 요인 중에 적어도 한 가지는 가지고 있다고 한다. 첫째는 아동이 가진 개인의 특성이 적응적이기 때문이다. 예를 들어 사회적으로 매력 있는 성격과 재능을 가졌다면 보상 기회와 타인으로부터 호의를 받을 가능성이 높다. 두 번째 요인은 적어도 한 명 이상 자신에게 애정과 관심을 갖는, 의지할 수 있는 사람의 존재다. 적어도 부모 중 한 명이 아동에게 온정적이라면 회복탄력성이 낮을 가능성은 희박하다. 반대로 이야기하면, 부모 중 누구도 아이에게 관심이 없다면 회복탄력성은 매우 낮아진다. 하지만 꼭 부모가 아니더라도 자신을 지지하는 성인이 있다면 회복탄력성은 높아진다. 또한 또래와의 건전하고 친밀한 관계 역시 회복탄력성에 긍정적인 영향을 주는 주요 요인으로 알려져 있다. 세 번째 요인은 국가 또는 지역 사회의 지원 서비스다. 예를 들어 청소년을 위한 쉼터, 상담 전화, 지역 문화센터, 사회복지사의 지원, 보건소에서 제공하는 서비스들은 아이들의 회복탄력성을 높이고 사회적 안전망 역할을 한다. 마지막 요인은 어떤 단체나 종교 단체에서의 활동이다. 이는 소속감을 높이고 삶에 대한 의미와 보람을 느끼게 함으로써 회복탄력성을 증가시킨다.

이 요인들에 맞추어 본다면 사회정서학습은 아이들의 회복탄력성을 위해 네 갈래로 노력한다고 볼 수 있다. 첫째는 아동이 적응적인 특성을 갖도록 교육하는 것이다. 즉 낙관주의적 사고, 유머, 정서 조절, 자기 관리 같은 기술을 갖도록 가르친다. 둘째는 관계를 증진하는 것으로, 교사 스스로가 학생을 지지하는 사람이 되어 줄 수도 있지만 공감, 의사소통, 협력 기술을 가르침으로써 친밀한 관계를 형성하고 발전할 수 있는 기술을 향상하도록 돕는다. 세 번째는 학교에서 사회적 서비스를 정책적으로 강화하고, 그 정보들을 학생들에게 제공하는 것이다. 또한 학생들이 스스로 자신에게 도움이 되는 자원을 찾을 수 있도록 도움 구하기 기술을 가르친다. 마지막으로 학생들이 외톨이가 되지 않도록 긍정적인 학급 풍토를 조성하고, 다양한 동아리나 봉사 활동을 계획한 뒤 가입을 독려해 소속감을 갖도록 유도할 수 있다.

이번 장의 '도움자원 지도 그리기'는 세 번째 요인에 해당하는 기술을 가르치는 활동이라고 볼 수 있다. 학교가 학생들을 위해 도움자원을 제공함으로써 보호할 수 있지만, 학교를 벗어나서도 학생 스스로 도움자원을 구할 수 있도록 돕는 것이 중요하다. 이처럼 사회정서학습은 예방 차원에서 학생들이 스스로 삶의 기술들을 터득하도록 가르치려고 한다. 이 밖에도 네 가지 요인에 따른 사회정서학습 프로그램의 주요 활동을 정리하면 다음 표와 같다.

회복탄력성 요인	사회정서학습 주요 수업 활동
개인적 특성	감사 일기 쓰기, 충동(분노) 조절 기술 익히기, 강점을 찾고 활용하기 목표를 설정하고 추진하는 과제 수행하기, 비관적인 생각 반박하기
지지적인 관계	의사소통 기술 익히기, 부정적인 관계에 거리 두기, 공감하기, 용서하기
사회적 안전망	도움자원 구하기
소속감	어떤 단체에 가입해 활동함으로써 과제 수행하기 모둠별로 장기적인 봉사 활동 프로젝트 수행하기

16장

분노
조절하기

분노는 **부정적인 결과** 때문에 조절과 통제가 필요한 감정이다. 특히 최근 세간에 회자되고 있는 여러 사건은 분노의 폭발이 **사회적으로도 해결되어야 하는 문제**임을 보여 준다. 그런데 분노는 인간이라면 누구나 갖는 감정이고, 또 우리는 자주 분노를 느낀다. 그럼에도 분노를 조절하는 방법에 대해 학교가 가르치는 일은 드물다. 이번 장에서는 분노 조절을 연습해 보는 수업 사례를 제시함으로써 학생들이 **실제 화가 나는 일이 있을 때 감정을 조절할 수 있도록** 돕는 방법을 살펴보고자 한다.

● **주요 사회정서적 역량과 기술**

· 사회정서적 역량
  – 자기 관리, 책임 있는 의사 결정
· 사회정서적 기술
  – 스트레스 조절하기
  – 문제 해결하기
  – 개인적, 도덕적, 윤리적으로 책임감 있게
     행동하기

● **관련 성취 기준**

영역 \ 수준	~10세	11~12세	13~15세	16~17세	18~19세
스트레스 조절하기	· 화를 진정시키는 방법 몇 가지를 말할 수 있다. · 스트레스를 유발하는 상황으로부터 거리를 둘 수 있다.	· 스트레스 상황을 다루기 위한 기술을 사용할 수 있다. · '나-전달법'으로 스트레스를 표현할 수 있다.	· 스트레스를 다루기 위한 전략들을 평가할 수 있다. · 정서를 표출하기 전 정서 표출의 긍정적·부정적 결과를 성찰할 수 있다. · 긍정적인 태도를 발달시키기 위한 방법을 사용할 수 있다.	· 충동적인 행동을 조절할 수 있다. · 스트레스를 극복하기 위한 전략을 세우고 스스로 훈련할 수 있다.	· 스트레스 조절 기술을 일상적으로, 그리고 효과적으로 사용할 수 있다.
책임감 있게 문제 해결하기	· '멈추기-생각하기-행동하기'를 할 수 있다.	· 문제 해결을 위한 대안을 생각해 내고 결과를 예측할 수 있다. · 집단 의사 결정에 참여할 수 있다.	· 의사 결정 단계에 따라 체계적으로 문제를 해결할 수 있다.	· 의사 결정할 때 윤리적이고 사회적인 요인들을 고려할 수 있다.	· 자신의 사회적 관계와 윤리적 규범을 고려해 의사 결정 기술을 일상적으로 적용할 수 있다.

- '분노 조절 방법 4단계', '멈추기, 생각하기, 행동하기', '책임 있는 의사 결정 8단계'를 나타내는 신호 강화물(포스터나 카드, 배너, 스티커판 등) 만들기
- 자신의 경험과 관련해 '분노 조절 방법 4단계', '멈추기, 생각하기, 행동하기', '책임 있는 의사 결정 8단계' 발표하기
- '분노 조절 방법 4단계', '멈추기, 생각하기, 행동하기', '책임 있는 의사 결정 8단계'를 역할놀이로 익히기
- '나-전달법', '비폭력 대화'로 스트레스 표현하는 방법 연습하기
- 어려운 과학/수학 문제를 푸는 것과 삶의 문제를 해결하는 방법 비교하기
- 스트레스를 조절할 반짝이 병(스노볼)을 만들고 격정적인 감정을 조절하는 연습하기
- 여러 스트레스 조절 방법(깊게 숨쉬기, 스스로 껴안고 토닥거리기, 산책하기 등) 연습하기
- 갈등이 담긴 이야기를 들려주고 가능한 결말에 대해 브레인스토밍 하기
- 여러 대안에 점수를 매기고 선택하는 연습하기
- 브레인스토밍을 통해 여러 대안을 윤리적인 기준으로 평가하기
- 윈윈win-win 대안 만들기 연습하기
- 문학 작품이나 역사적·사회적 사건에 등장하는 인물이 어떤 결정을 내려야 했는지 시나리오를 만들어 발표하기
- 문학 작품이나 역사적·사회적 사건에서 인물이 스트레스/문제를 다루기 위해 사용한 훌륭한 전략 조사해서 발표하기
- 소설이나 영화 속 인물의 충동적인 행동의 결과에 대해 토론하기

• 분노 조절 방법 4단계

     1단계 **내가 화가 났구나!** - 화난 상태 인지하기

     2단계 **잠깐 쉬기** - 의도적으로 이완하기

     3단계 **릴렉스 확인** - 이완 상태 확인하기

     4단계 **자기 대화** - 원인을 분석하고, 문제나 갈등 해결 방법 생각하기

• 책임 있는 의사 결정 3단계(초등학교 저학년)

     1단계 **멈추기** - 충동적인 행동 멈추기

     2단계 **생각하기** - 행동의 결과 예상하기

     3단계 **행동하기** - 현명하게 행동하기

• 책임 있는 의사 결정 8단계(초등학교 고학년~고등학교)

     1단계 **지금 내 감정이 어떻지?** - 감정 확인하기

     2단계 **문제가 뭐지?** - 문제 확인하기

     3단계 **내가 진짜 바라는 게 뭘까?** - 목표 설정하기

     4단계 **어떻게 해야 할까?** - 해결 방안 생각하기

     5단계 **… 한다면?** - 결과 예상하기

     6단계 **가장 좋은 방법은?** - 최선의 해결 방안 선택하기

     7단계 **한번 해 보자!** - 최선의 해결 방안 실행을 계획하고 실천하기

     8단계 **다음에는?** - 결과 평가하기

● 수업 예시

제 목	분노의 폭발을 막아라		
성취 기준	충동적인 행동을 조절할 수 있다.		
인성 요소	절제, 책임		
학습 주제	역할놀이로 분노 조절 방법 4단계 익히기		
학습 목표	역할놀이를 통해 분노 조절 방법 4단계를 익히고 실생활에 적용할 수 있다.		
계열성	이전 단계	스트레스 조절 방법 익히기	
	다음 단계	분노 상황에 대해 책임 있는 의사 결정하기	
수업 준비	자리 배치	모둠(4~5인)	
	준 비 물	학습지, PPT	
수업 전개	▨ 어떤 기술을 왜? ① 발문: 분노를 조절하지 못해 후회한 경험이 있나? ② 이번 시간은 분노 조절의 원리와 방법을 알아볼 것임을 안내 ▨ 사회정서적 기술 훈련하기 ① 분노 표출의 유형, 분노의 나쁜 영향, 분노 조절의 원리와 방법 설명 ② 시나리오 만들기: 자주 화가 나는 상황을 설정해 분노 조절 방법 4단계를 담은 시나리오를 만든다. 시나리오 내용에는 분노를 유발한 사람과 분노를 조절하는 사람이 반드시 포함되어야 하며, 내레이터나 엑스트라가 포함될 수도 있다. 반드시 모든 모둠원이 역할놀이에 참여해야 한다. 시나리오는 간략하게 작성하고, 미리 채점 기준을 알려 주어 사회정서적 기술을 정확하게 익힐 수 있도록 유도한다. ※ 유의 사항: 반드시 시나리오를 먼저 확인하고 역할놀이를 하도록 한다. 시나리오 속에 특정 학생을 조롱하거나 부적절한 내용이 들어 있는지 확인해야 한다. 또한 학생들이 장난으로 시나리오를 만들지 않도록 지도해야 한다. ③ 역할놀이 리허설하기: 시나리오를 검사 받고 교사에게 승낙을 얻은 모둠은 다른 모둠의 시나리오가 완성될 때까지 리허설을 한다. ④ 역할놀이 발표하기		

수업 전개	⑤ 함께 평가하기: 발표가 끝날 때마다 채점 기준에 맞추어 역할놀이를 평가한다. **Tip**: 자기 대화가 적절한지에 대해서는 학생들의 비판적인 사고를 자극하는 질문을 하고, 문답법으로 적절성 평가에 대한 합의를 이끌어야 한다. ■ 지속적인 훈련을 위한 안내 ① 분노 조절 단계를 카드로 만들어 필통에 넣어서 평소에 볼 수 있도록 한다. ② 분노 조절을 일상생활에서 실천할 것을 당부하고 마무리한다.
일상생활에 적용하기	일상생활에서 화가 났을 때 수업 시간에 익힌 분노 조절 방법을 사용한 후 성찰 일기 쓰기를 과제로 제시

교과 연계	국어	분노를 조절하지 못하는 인물이 등장하는 문학 작품을 읽고 '나라면' 시나리오 만들기
	과학	스트레스 상황에서 호르몬의 작용을 이해하고 분노 조절 연습하기
	사회	박완서의 산문집《나는 왜 작은 일에만 분개하는가》를 읽고 사회적 부정의에 대한 분노 표출이 정당한지 토론하고, 바람직한 분노 표출 절차 만들어 보기
	수학	어려운 수학 문제를 풀 때 스트레스 조절법을 토론하고, 조절법을 수학 교과서 책갈피로 만들기
	미술	스트레스 상황을 잠시 피할 수 있는 마음의 안식처를 그림으로 표현하기

생활지도 연계	친구 간에 다툼이 발생할 만한 순간에 분노 조절법을 사용하도록 유도하기
가정 연계	가족과 함께 스트레스 조절 방법 활용해 보기 과제(발맞추어 산책하기, 서로 껴안고 토닥이기)
지역 연계	우리 동네에서 벌어지는 잘못된 스트레스 표출 관행 조사하기

학습지 ❶

● 다음의 이야기를 함께 읽어 보자.

> 지민이와 은혜는 오래된 친구다. 그런데 최근 지민이가 다른 새로운 친구들이랑 자주 어울린다. 은혜는 오늘 점심시간에 새로운 지민이 친구들과 함께 점심을 먹어 보려고 그 친구들이 있는 급식 테이블로 갔다. 그러자 지민이가 옆 친구들에게 귓속말로 뭐라 하더니, 모두 함께 웃으며 자리에서 일어나 다른 자리로 갔다. 혼자 남은 은혜는 '가만두지 않을 거야', '나한테 빌게 하겠어', '애들한테 지민이가 어떤 짓을 했는지, 얼마나 나쁜 앤지 알릴 거야'라고 마음속으로 되새겼다.

내가 은혜라면 나는 어떻게 할까?

....

....

....

● 화가 날 때 어떻게 대처하나? 내가 해당하는 유형에 V 표시해 보자.
  (해당하는 항목에 모두 V 표시하자.)

  ① 마음에 담아 두는 사람 (   )
  ② 폭발하는 사람 (   )
  ③ 비난하는 사람 (   )
  ④ 삐딱해지는 사람 (   )
  ⑤ 화풀이하는 사람 (   )
  ⑥ 뒷담화 하는 사람 (   )

학습지 ❷

모둠 이름 (   )

● 상 황:
　(예: 친구가 내 것을 망가뜨린 경우, 친구가 무시한 경우)

● 역 할:

이름	역할

● 대 사:

_____

_____

_____

_____

※ 심사 기준

영역	점수
1. 분조 조절 방법을 순서대로 잘 사용했는가?	30점
2. 자기 대화를 적절하게 잘 했는가?	30점
3. 시나리오 완성도(논리적임)	20점
4. 연기력(자신감을 갖고 성실하게)	20점

학습지 – 과제

화가 났을 때 분노를 조절해 보고 일기를 써 보자.

날짜	월 일 요일
일기	

● 분노 조절에 대하여 ├-----------------------------------┤

분노는 우리의 기본적인 바람이나 권리가 공격 받았거나 공격 받을 것 같다는 신호다. 분노는 지난 100만 년 동안 외부의 공격으로부터 호모 사피엔스를 보호하는 역할을 했다. 즉 맹수의 위협에 즉각적이고 효율적으로 반응할 수 있도록 진화한 효과적인 장치였다. 하지만 최근 1만 년 사이 인간이 최상위 포식자가 되고 생존에 따르는 위협이 줄면서, 맹수의 위협보다는 타인의 공격으로부터 심리적으로 자신을 보존하기 위해 분노하는 횟수가 늘어났다. 그러면서 순기능보다 역기능이 더 많아졌다. 예를 들어 사랑하는 사람에게 상처 주는 말을 하거나 내 차 앞에 끼어든 차 운전자에게 보복 운전을 하고, 심지어는 나를 외톨이로 만든 사회에 총을 겨누고 무차별적으로 분노를 폭발하는 방식으로 말이다.

잘못된 분노 표출이 계속 사회 문제가 되자 어떻게 하면 분노를 조절할 수 있는지 그 방법과 교육이 새로운 관심사가 되었다. 그리고 지난 몇십 년간 분노 조절에 관한 연구와 교육 현장에서 쌓은 경험들이 축적되고 있다. 이러한 경험들의 결과는 분노는 조절해야 하며, 교육으로 조절할 수 있다는 것이다. 분노에 대한 흔한 오해는 '화를 참으면 병이 된다'는 것이다. 하지만 이 말은 반은 맞지만, 반은 틀리다. 분노를 무조건 참기만 하면 당연히 마음의 병이 된다. 내가 누군가에게 부당하고 모욕적인 대우를 받았는데 참기만 한다면, 시간이 지나도 생각나고 분통 터지고 울화병이 생길 것이다. 그렇다고 화를 내는 것은 더욱 좋지 않다. 화를 내면 분노 표출 대상인 사람과의 관계에 금이 가고, 충동적으로 나에게 불이익을 초래하는 행동을 선택하기 때문에 일시적으로 화풀이가 될지는 모르지만 결국 마음의 상처만 더 깊어질 수 있다. 그러므로 부당한 공격을 받았을 때 화를 무조건 참거나 표출할 것이 아니라 상황과 원인을 냉정하게 판단하고, 필요하다면 내가 바라는 결과를 만들어 낼 수 있도록 상처받았다는 사실을 상대에게 표현해야 한다.

그래서 분노 조절 교육은 '화가 나는 순간, 격노에 휩싸여 충동적으로 행동하는 것을 멈추는 것'과 '상대에게 내가 상처받았다는 사실을 표현하고, 현명하게 문제를 해결하는 방법'을 가르치는 데 초점이 맞추어져 있다. 앞의 '분노 조절 역할놀이'는 전자에 초점을 맞춘 수업 사례라고 할 수 있다. 분노 조절 역할놀이에서 학생들에게 가르치는 '분노 조절 방법 4단계'는 분노가 발생하는 신경생리학적 원리에 근거해서 만들어진 것이다.

먼저 '1단계, 화난 사실을 인지'해야 하는 이유는 이렇다. 어떤 사람 또는 상황이 나를 공격하면, 우리가 스스로 '위협이 발생했구나'라는 사실을 인지하기도 전에 편도체가 먼저 반응을 한다. 편도체는 카테콜아민이라는 신경 전달 물질을 온몸에 발사하는데, 발사되는 데 걸리는 시간이 1000분의 1초가 안 된다. 이 신경 호르몬은 심장을 빨리 뛰게 하고, 에너지를 급상승시키며, 공격성을 증가시키고, 상황에 집중하게 만든다. 편도는 신경 연결이 광범위하기 때문에 우리의 정신과 신체를 장악하고 전전두엽 신피질이 담당하는 사고가 제 기능을 할 수 없도록 만든다. 문제는 편도의 반응이 너무 빨리, 그리고 강력하게 일어나기 때문에 우리가 충동적이 되기 쉽고, 행동의 실수를 저지른다는 것이다.

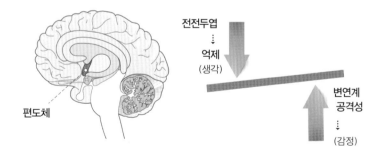

분노할 때 느껴지는 내 몸의 반응

· 온몸(얼굴, 팔다리)에 힘이 들어감
· 얼굴이 붉어짐
· 어지러움
· 호흡이 빨라짐
· 맥박이 빨라짐
· 손에서 땀이 남
· 이를 악묾
· 몸이 이상해지면 생각도 이상해짐

그래서 분노를 조절하기 위한 첫 단계는 편도체가 나를 장악하고 있다는 사실을 재빨리 자각하는 것이다. 약속 시간을 앞두고 우연히 재미있는 텔레비전 방송에 빠져 있다가 불현듯 '어머, 내가 지금 뭐 하는 거지? 이럴 때가 아닌데' 하고 뛰쳐나가는 것처럼, 편도체가 나의 공격성을 계속 증폭시킨다는 사실을 깨닫는 것이다. 학생들에게는 화났다는 사실을 자각하는 법을 가르치기 위해 흔히 신체의 변화를 살펴보라고 한다. 왜냐하면 신체의 변화가 가장 가시적으로 화났다는 사실을 보여 주고, 자신의 감정을 잘 읽지 못하는 사람들에게도 쉽게 자신이 화났다는 사실을 알려 주기 때문이다.

2단계는 의도적으로 자신을 이완하는 것이다. 즉 편도체가 신경 전달 물질을 계속 내보내는 일을 중지시키는 것이다. 그래야 공격성을 감소시키고, 전전두엽이 상황을 냉정하게 해석하고 문제 해결 방법을 고민해 보도록 할 수 있다. 의도적으로 자신을 이완하기 위한 가장 좋은 방법은 나를 위협한다고 판단되는 그 상황에서 잠깐이라도 벗어나는 것이다. 이를 위해 열을 세기도 하고, 휘파람을 불거나 심호흡을 하기도 한다. 만일 그 장소를 떠날 수 있는 상황이라면 다른 곳으로 빨리 이동하는 것도 좋은 방법이다. 마음챙김에서는 호흡에 집중하도록 한다. 편도체는 누군가가 나를 계속 공격하거나, 아니면 공격 받았다고 판단함으로써 생긴 나의 생각('나를 얕보는 게 분명해.', '일부러 그런 거야.', '복수하고야 말겠어.')이 지속되지 않으면 호르몬 분비를 중지한다.

편도체의 반응이 잦아듦에 따라 공격성이 낮아지고 내 몸이 이완되면, 3단계는 이를 확인하는 것이다. 자신이 이완되었음을 확인하는 방법은 1단계의 반대다. 즉 화가 나서 변화했던 신체의 반응이 반대로 바뀌었는지 확인하는 것이다.

이제 충동적인 분노 표출을 막았으므로 4단계는 문제 해결 방법을 고민해야 한다. 감각과 본능을 담당하는 편도체와 달리 전전두엽 신피질은 언어와 사고를 담당한다. 학생들은 주로 신피질에서 이루어지는 자기 대화로 문제를 해결하기 위한 대안들을 생각하고 최선 또는 차선의 방법을 선택할 수 있다. 다음 그림은 간단한 자기 대화 방법을 표현한 것이다.

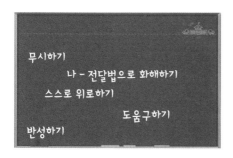
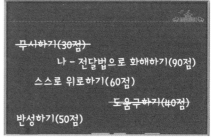

즉 문제 해결 방법들을 생각해 보고 스스로 점수를 매긴 다음 별로인 선택지들을 지우고, 자신에게 가장 유리하면서도 책임감 있는 결과를 선택하도록 하는 것이다. 당연한 얘기지만, 세상사에 정답이나 뾰족한 해결책은 없다. 문제 상황에 대해 고민해 보고 최선일 것이라고 생각하는 방법을 선택해야 한다. 다만 교육은 연습을 통해 학생들이 더 사려 깊고 책임감 있는 선택을 하도록 가르칠 수 있다. 그래서 4단계는 분노 조절 방법의 마지막 단계지만 '책임 있는 의사 결정하기'를 가르치는 수업을 통해 보다 구체적이고 집중적으로 연습시킨다.

이렇게 분노 조절 방법을 실제로 활용하기 위해서는 '내가 화났다'는 사실을 재빨리 알아차리는 것이 중요하다. 그러므로 교사는 분노 조절에 대해 수업할 때 우선적으로 학생이 스스로 자신이 화났다는 사실을 인지하도록 연습시켜야 한다. 이는 수업만으로는 충분하지 않고, 생활지도를 통해 '가르칠 만한 순간teachable moment'을 잘 활용해야 한다. 또 마음챙김을 통해 평소 자신을 관찰하는 능력을 길러 주는 것도 좋은 방법이다. 다음은 관찰력이 좋아지면서 겪는 변화의 단계다.

1단계: 화내고도 화낸 게 인식이 안 됨

2단계: 화낸 게 인식됨

3단계: 화낸 걸 후회함

4단계: 화를 내다가 후회가 되어 빨리 멈춤

5단계: 화를 내려다가 화를 내지 않음

6단계: 마음속에 화내려 했던 것이 느껴질 뿐 화가 나지는 않음

분노 조절에 대해 가르칠 때는 유의할 점이 있다. 학생들은 분노를 조절하지 못하고 잘 폭발하는 친구를 흔히 '분조장'이라고 부르며 비하한다. 하지만 꼭 폭발해서 날뛰고 소리 지르는 것만이 분노 표출은 아니다. 짜증을 내고 삐지는 것도, 화가 났는데 날뛸 수는 없으니까 선택하는 분노 표현법이다. 그런데 가만히 생각해 보면 화는 나보다 약한 사람 또는 최소한 나보다 강하지 않은 사람에게 내는 경우가 대부분이다. 그래서 분노 조절을 가르칠 때는 나보다 약한 사람에게 비겁하게 보복 또는 응징하

는 것은 나쁘며, 모두가 분노 조절을 배워야 한다는 사실을 강조해야 한다. 물론 화를 내야 할 때도 있다. 약자의 인권을 유린하고 선한 사람을 기만하는 사회적 부정에 대해서는 마땅히 화를 낼 줄 알아야 한다. 하지만 그럴 때조차도 우리는 화를 내는 방식은 정의로운 절차에 따른 것이어야 한다고 여긴다. 그러므로 교사는 분노 조절 방법을 익히는 것이 앞으로 수많은 사람과 관계를 맺으며 행복하게 살아가야 할 나의 삶을 위해 중요하고 필요한 것임을 학생들이 느낄 수 있도록 가르쳐야 한다.

17장

봉사 학습

봉사 학습은 학생들을 가르치기 위해 지역 봉사를 활용하는 전략으로, 의도적이고 제공된 봉사 경험을 성찰하도록 함으로써 배우게 하는 교수 학습 방법이다. 사회정서학습은 봉사 활동을 계획하고 실천하는 과정을 통해 타인에 대한 **공감과 역할 채택, 자아효능감, 협력 기술 등**을 익히도록 돕는다. 이러한 봉사 학습은 여러 사회정서적 기술을 종합적으로 익히도록 돕는 장점이 있을 뿐만 아니라, 학생들의 학교 적응도를 높이고 문제 행동을 줄이는 효과가 있어 많은 사회정서학습 프로그램이 적극적으로 활용하는 방법이다. 이번 장에서는 학생들이 사회적 이슈에 관심을 갖고 스스로 봉사 활동을 계획하고 실천해 보는 프로젝트 수업을 제시함으로써 사회정서적 기술을 어떻게 훈련할 수 있을지 살펴본다.

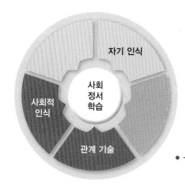

● 주요 사회정서적 역량과 기술

· 사회정서적 역량
  – 사회적 인식, 자기 인식, 대인 관계
· 사회정서적 기술
  – 공감하기, 역할 채택하기
  – 자아효능감 갖기, 협력하기

● 관련 성취 기준

영역 \ 수준	~10세	11~12세	13~15세	16~17세	18~19세
봉사 하기	· 타인을 도울 때의 감정을 표현할 수 있다. · 타인을 돕는 방법들을 찾아 발표할 수 있다.	· 타인을 돕는 경험을 함으로써 자신이 무엇을 배웠는지 설명할 수 있다. · 학교, 가정, 이웃에 자신이 기여한 바를 설명할 수 있다. · 타인을 돕기 위해 친구와 협력할 수 있다.	· 도움이 필요한 타인을 지원하고 격려할 수 있다. · 자신이 속한 공동체의 필요를 탐색하고 어떤 도움을 줄 수 있는지 찾아 또래와 협력해서 실행할 수 있다. · 다른 공동체나 세계 다른 지역의 필요를 탐색하고 자신이 어떤 도움을 줄 수 있는지 설명할 수 있다.	· 타인의 감정을 알려 주는 언어적·신체적·상황적 신호를 확인할 수 있다. · 다른 공동체나 세계 다른 지역을 돕기 위해 전략을 세우고 타인과 협력할 수 있다. · 자신이 속한 학교와 공동체의 발전을 위해 해 온 활동을 평가할 수 있다.	· 타인에게 공감을 표현할 수 있다. · 타인의 관점에서 의미를 부여하고 배울 수 있다. · 자신과 공동체를 위해 봉사 단체를 조직하거나 건설적으로 변화시킬 수 있다. · 자신이 공동체나 세계의 긍정적인 변화를 이끌 수 있는 조력자임을 설명할 수 있다.

● 수업 예시

제 목	봉사 학습 프로젝트
성취 기준	자신이 속한 공동체의 필요를 탐색하고 어떤 도움을 줄 수 있는지 찾아 또래와 협력해서 실행할 수 있다.
인성 요소	공감, 배려, 책임, 협력

학습 주제	모둠별 봉사 학습 프로젝트 실행하기	
학습 목표	공동체의 문제를 해결하기 위해 친구와 협력해서 봉사할 수 있다.	
계열성	이전 단계	도움이 필요한 친구/가족/이웃 돕기
	다음 단계	세계 시민으로서 봉사하기
수업 준비	자리 배치	모둠
	준 비 물	학습지, PPT
수업 전개	■ 어떤 기술을 왜? ① 발문: 세상을 변화시키기 위해 어떤 일을 해 보았나? ② 이전까지 자신과 가까운 타인과 좋은 관계를 유지하기 위한 기술들을 훈련했는데, 더 넓은 세상에서 거리가 있는 타인과 어떻게 관계를 맺어야 하는지에 관한 기술들을 훈련해 볼 것임을 안내 ■ 사회정서적 기술 훈련하기 ① 우리가 관심 있는 공동체 문제 정하기: 평소 관심 있는 공동체 문제를 정하고, 그 문제에 대한 기사, 서적, 인터넷 자료 등을 찾아본 뒤 그 문제와 관련해 우리가 기여할 수 있는 문제 하나를 설정한다. ② 관심 있는 공동체 문제에 대해 조사하기: 스마트폰이나 컴퓨터를 이용해서 선정한 주제에 관해 조사한다. ③ 봉사 활동 계획하기: 조사 내용을 바탕으로 문제를 해결하기 위해 우리가 할 수 있는 일을 생각해서 봉사 활동을 계획한다. 이때 언제, 어디서, 무엇을 어떻게 할지, 역할 분담은 어떻게 할지 구체적인 계획을 세우도록 한다. ※ 유의 사항: 계획을 세운 후 사전 검사를 받는다(멀리 가지 않도록, 비용이 많이 드는 것은 하지 않도록 지도). 또한 봉사 대상 또는 장소에 연락해서 봉사가 가능한지 미리 확인한다. ■ 지속적인 훈련을 위한 안내 ① 봉사 활동을 실행에 옮긴 후 활동 내용과 느낀 점, 그리고 사회정서적 기술을 어떻게 사용했는지 성찰을 담아 결과물을 만든다. ② 봉사 활동을 할 때 유의해서 연습해야 할 사회정서적 기술들을 설명하는 안내물을 교실에 게시한다.	

수업 전개	※ 결과물 예시: PPT, UCC, 보드판 게시물, 퍼포먼스 등 다양한 형태로 만들 수 있음.   맞벌이 부부의 보육 문제와 관련한 어린이집 봉사 활동 위안부 문제를 알리는 안내문을 만들어 나눠 준 활동  플라스틱 쓰레기 투기의 심각성 알리기	
일상생활에 적용하기	지속적으로 봉사 활동을 한 후 학년 말에 보고서 제출하기	
교과 연계	도덕	다양한 사회적 약자의 입장에서 생각하고 공감하는 활동
	과학	우리 마을의 환경 오염 실태를 조사하고 원인을 찾아 발표한 뒤 개선하기 위해 자신이 할 수 있는 일을 실행하는 프로젝트
	영어	국제적인 봉사 단체(예: 그린피스, 엠네스티, 유니세프 등)의 영문 홈페이지를 탐색해서 소개하기 우리 마을에 방문, 거주하는 외국인이 겪을 수 있는 어려움을 찾아보고, 이를 해결하기 위한 영문 마을 안내서 만들기
	사회	다양한 측면에서 공동체와 자신의 관계를 보여 주는 그림 지도 만들기
	음악,미술, 체육	마을 공동체를 위해 예술 봉사(동화 구연, 악기 연주, 뮤지컬, 사물놀이, 벽화 그리기, 운동 교실 등)를 계획하고 실행하기
생활지도 연계	진로 상담을 하러 온 학생에게 진로와 관련된 봉사 활동 동아리를 안내하고 독려하기	
가정 연계	가족의 봉사 경험을 서로 이야기하고 소감을 적는 과제	
지역 연계	마을 봉사 기관과 협력해서 봉사 학습 프로젝트 실행하기	

학습지 ❶

모둠 이름 (   )

● 역할 분담

역 할	하는 일	이 름(학번)
이끔이	토의 주도	
서기	학습지 작성	
아나운서	발표	
지킴이	학습지 보관	

● 내가 관심 있는 사회 문제

모둠원 이름	생 각

● 우리 모둠의 주제:

※ 참고: 공동체 문제 주제－빈곤, 폭력, 소외된 이웃, 동물(실험, 학대, 유기), 환경 오염, 이기주의, 부정부패, 인권, 문화재 훼손, 무질서, 가족 해체, 탈세, 학교 폭력, 농촌 문제, 이산가족, 흡연, 음주, 학벌·지연 문제, 역사 왜곡 등

학습지 ❷

모둠 이름 (   )

우리 모둠 주제			
주제 관련 자료 조사 계획 자료 예: 인터넷 (개인 블로그, 지식in 제외), 책, 다큐멘터리 등 시사 프로그램	이끔이		
	서기		
	아나운서		
	지킴이		
조사 자료 발표 계획	이끔이	1. 조사한 것 상호 검토 2. 발표에 쓸 글과 이미지 선정하기	업로드
	서기		온라인 게시판에 올릴 글 정리하기
	아나운서		발표하기
	지킴이		이미지 편집하기
봉사 활동 아이디어 제안	※ 참고: 봉사 활동 유형-일손 돕기, 돌보기, 청소하기, 아름답게 꾸미기, 구조하기, 구호품이나 아이디어 물품 만들기, 안내서 만들기, 재능 기부, 캠페인, 관련 기 관에 편지 보내기, 미디어 콘텐츠나 공연 작품 만들기		

학습지 ❸

● 공정한 게임이 되기 위해 우리가 할 수 있는 일에 대한 토의를 바탕으로
  봉사 활동을 계획해 보자.

모둠 이름 (   )

● 우리가 해결하고 싶은 공동체 문제:

※ 문제 예시: 빈곤, 폭력, 소외된 이웃, 동물, 환경 오염, 부정부패, 인권, 가족 해체, 학교 폭력, 농촌 문제, 이산가
  족, 흡연, 음주, 학벌·지연 문제, 역사 왜곡 등

  - 언제? 20(   )년 (   )월 (   )일 (   )시경

  - 어디에서? _____ 에서

  - 무엇을 어떻게? _____ 한다.

● 모둠이별 할 일

이름	활동 중 구체적으로 할 일

222

● 봉사 학습에 대해 ┝---●

봉사 학습service-learning은 우리가 일반적으로 많이 쓰는 봉사 활동community service과는 다른 개념이다. 봉사 학습은 '봉사'와 '학습' 모두를 강조하는 것으로, '봉사 활동을 통한 학습'과 '학습한 것을 봉사 활동에 적용'하는 것을 의미한다. 그러므로 봉사 학습은 경험에 근거해서 학습이 이루어지도록 하는 일종의 교수-학습 방법으로, 여기서 경험은 학습을 위한 기초이고, 학습은 의도된 성찰을 통해 이루어지는 것이라고 할 수 있다.

많은 사회정서학습 프로그램이 사회정서적 기술을 가르치기 위해 봉사 학습을 적극적으로 활용한다. 연구에 따르면 봉사 학습은 학생들의 중도 탈락률을 눈에 띄게 하락시키고 학업성취도를 향상시킨다. 당연한 말이지만 아동과 청소년은 수동적인 학습보다 활동적인 학습을 더 선호하며, 교사-학생의 상호 작용보다 친구와의 상호 작용을 더 좋아한다. 특히 청소년들은 비록 학문적인 주제에는 흥미가 없어 보일지 모르지만 세상에 대한 지적 호기심이 많고, 사회에 참여해 의미 있는 변화를 일으키기를 열망한다. 이때 봉사 학습이 친구, 가족, 학교를 넘어 더 넓은 세상에 대해 사회 정서학습을 가르치기에 매우 매력적인 방법이라고 할 수 있다.

사회정서학습이 봉사 학습을 많이 활용하는 데는 특별한 이유가 더 있다. 바로 봉사 학습이 학생들의 사회정서적 기술을 종합적으로 기르는 데 매우 훌륭한 교수 학습 방법이기 때문이다. 예를 들어 독거노인들을 위한 봉사 학습을 한다면 학생들은 봉사 활동을 계획하고 실천하는 과정을 통해 독거노인에게 공감하고, 노인의 입장에서 생각해 보며, 친구들과 힘을 합해 도움을 줄 방법을 모색하고, 소속감과 보람을 느낌으로써 자아효능감을 발달시킬 수 있다.

공감 기술: 사회적 약자의 감정 느끼기

역할 채택 기술: 사회적 약자의 입장에서 생각해 보기

협력 기술: 다른 사람과 힘을 모아 공동체 문제 해결에 참여하기

자아효능감 기술: 사회 참여를 통한 자아효능감 갖기

남을 돕는 경험은 단순히 도움이 필요한 사람에게 도움을 주고 보람을 느끼는 것과는 다른 훨씬 복잡한 감정이다. 왜냐하면 봉사하는 사람과 봉사를 받는 사람이 실제로 맺는 '관계'에서 벌어지는 일이기 때문이다. 필자가 가르쳤던 학생들 가운데 한 모둠은 더 이상 쓰지 않는 장난감들을 모아 지역 보육원 아이들에게 보내는 활동을 했다. 그런데 이 모둠 학생들은 장난감을 받고 즐거워하는 아이들 사진을 보육원 선생님으로부터 받은 후, 보람보다는 미안함을 더 크게 느꼈다. 실제로 보육원 아이들의 얼굴을 보니 쓰던 것이 아니라 더 좋은 것을 줄 걸 하는 후회가 들었기 때문이다. 봉사 활동을 하는 학생들은 머릿속으로 막연히 생각했던 불쌍한 사람이 아니라, 나와 동등한 인격체로서 피배려자와 대면하고 관계를 맺어야 한다. 학생은 시혜를 베풀 듯 일방적으로 도움을 전달하는 것이 아니라 봉사 대상의 필요를 세심하게 관찰하고 그 사람의 입장을 들여다볼 줄 알아야 하며, 진심이 전달되도록 대화를 나누어야 한다는 요구를 받는다. 상점 점원처럼 나와 별 관련이 없는 낯선 사람과 의사소통을 하는 것은 어렵지 않다. 하지만 봉사할 때 만나는 낯선 사람에 대해서는 세심하게 주의를 기울여 이야기를 듣고 대화해야 한다. 학생들은 이러한 과정을 통해 더 넓은 공동체의 구성원으로서 세상과 소통하는 법을 몸으로 익힐 수 있다.

봉사 학습은 의사소통, 공감, 역할 채택, 협력 같은 기술뿐만 아니라 비판적으로 사

고할 줄 아는 능력도 길러 준다. 이는 사회정서학습의 다섯 번째 역량인 책임 있는 의사 결정 역량의 '윤리적으로 책임감 있게 행동하기'와 연관이 있다. 일반 사람들의 선입견과 달리, 봉사 학습의 가장 두드러지는 교육 효과 중 하나는 사회 정의에 대한 각성이라고 한다. 봉사 학습은 대부분 사회의 주류들이 비주류인 소외 계층의 약자를 대상으로 하게 마련이고, 결과적으로 봉사자는 같은 지역 사회에 속한 또 다른 세계를 경험한다. 이 과정에서 그동안 보이지 않던 사회의 부조리함이나 문제점과 취약점이 드러나고, 이를 보며 봉사자는 어떤 통찰을 얻는다. 실제로 미국 국가 차원의 연구에서 대학생의 77퍼센트가 봉사 학습에서 얻은 가장 또는 매우 중요한 학습 성과로 '사회 문제가 얼마나 복잡한지에 대해서 배웠음'을 지적했다고 한다.[*] 학생들은 교실의 갇힌 공간에서 교사가 일방적으로 전달하는 것보다 직접 얻은 경험을 통해 비판적으로 사고하는 기술을 익히고, 사회적인 차원에서 무엇이 옳고 그른지를 성찰하며, 민주 시민으로서 책임감을 갖고 능동적으로 변화할 수 있다.

하지만 단순히 봉사 활동 과제를 부여하고, 일회적으로 소감을 묻는 활동으로는 이러한 기술을 충분히 익힐 수 없다. 그러므로 교사는 학생들에게 명시적으로 '의사소통', '공감', '역할 채택', '협력', '비판적으로 사고하기' 같은 기술을 연습하라고 제시하고, 학생들이 충분한 시간을 갖고 자신의 기술을 성찰할 수 있도록 수업을 구조화해야 한다. 나아가 한 학기나 한 학년 전체에 적절한 봉사 학습 과제를 부여하고, 수업 시간에 정기적으로 함께 성찰하는 기회를 줌으로써 사회정서적 기술을 훈련할 수 있

---

* Brandenberger, J. W. (2008). "대학, 인격, 그리고 사회적 책임: 경험을 통한 도덕학습", Lapsley, D. K. & Power F. C. (Eds), 정창우 옮김, 『도덕심리학과 도덕교육』, 인간사랑, p. 558에서 재인용.

도록 해야 한다.

덧붙여 유의해야 할 점은 아무리 과제라 하더라도 봉사 학습은 학생 스스로 나름대로 자원했다고 생각되어야 한다는 사실이다. 자신이 강제로 봉사 학습에 참여한다고 생각할 때 학습자 자신의 경험은 부정적이 될 수 있으며, 최악의 경우 봉사 대상자에게 피해를 줄 수도 있다. 비록 수업 시간에 부과하는 과제일지라도 교사가 학생들의 참여 동기를 유발함으로써 자신의 행동에 책임감을 느끼도록 유도하는 것이 중요하다.

사회정서학습
수업 실제 2

마음챙김을 통해 사회정서적 역량 기르기

Social and Emotional Learning

마음챙김은 지금 여기에 있는 나를 지각해서 집중하는 수행법으로, 최근 아이들의 사회정서적 역량을 기르는 효과적인 방법으로 주목받고 있다. 마음챙김은 불교의 수행법에서 유래했지만 현재 학교에서 활용하는 프로그램들은 **스트레스 환자를 치료하기 위해 현대 의학이 개발한 치료법이라고 할 수 있는 '마음챙김에 기반한 스트레스 감소 프로그램**MBSR(Mindfulness Based Stress Reduction)'을 교육에 적용한 것으로, 세계의 많은 나라에서 교육 프로그램으로 활용한다. 특히 셀렉트 프로그램으로 인증 받은 **마인드업**과 **러닝 투 브레드** 프로그램은 학생들의 연령에 맞춰 마음챙김을 익히도록 방법을 안내해, 마음챙김을 가르치고자 할 때 참고가 된다. 이번 장에서 소개하는 마음챙김 수업 예시들은 이 두 프로그램과 국내에 소개된 마음챙김 지도법을 참고하고, 필자의 적용 경험을 바탕으로 수정해서 만든 것이다. 특히 김철호 교수가 번역한 에이미 샐츠만의 《**마음챙김 명상 교육**》을 많이 참고했다는 사실을 밝힌다.

한편 마음챙김 프로그램 개발자나 지도자에 따라 다양한 마음챙김 수업을 진행하는데, 그 가운데 공통적이고 기본이 되는 수업 몇 가지를 우리나라 교실 환경에서 실제로 활용하기 쉽도록 구성하고자 했다. 그런데 4부는 사회정서적 기술이 아니라 마음챙김 수업을 중심으로 구성했으므로 2부와 달리 성취 기준과 관련 활동 예시를 생략하고 교과 및 생활지도, 가정·지역 연계 활동도 간략하게 제시해 중복을 피하도록 했다. 특히 18장의 '마음챙김 하며 듣기, 호흡하기'는 기본적인 마음챙김 명상 방법에 관한 것으로, 모든 수업에서 계속 반복된다는 사실을 밝혀 둔다. 다음은 앞으로 소개할 마음챙김 수업의 전체 흐름도다.

자신을
알아차리는
연습

호흡하기

먹기 　양치질하기

바디스캔하기 　바깥에서
바디스캔하기 　바디스캔하며
걷기

비눗방울
관찰하기 　감정
서핑하기

여긴 지금
어디?

긍정적인
사고 연습

9점 퍼즐
풀기 　불쾌한 사건
떠올리기

나만의 행복
코드 만들기

너와 나의
행복 바라기

책임 있는
의사 결정
연습 　구멍
피하기

18장

마음챙김을 통해
자신을 알아차리는 연습

마음챙김 하며 듣기, 호흡하기

● **주요 사회정서적 역량과 기술**

• 사회정서적 역량
  – 자기 인식, 자기 관리
• 사회정서적 기술
  – 자신을 명확히 인식하기,
    스트레스 조절하기

● **수업 예시**

제 목	마음챙김 만나기
성취 기준	자신에 대해 명확하게 인식할 수 있다. 스트레스 상황을 다루기 위한 기술을 사용할 수 있다.
인성 요소	자기 관리, 절제
학습 주제	마음챙김 호흡을 통해 '지금, 여기, 나'에 집중하기

학습 목표		마음챙김 하며 호흡함으로써 '지금, 여기, 나'에 집중할 수 있다.
계열성	이전 단계	다양한 정서 표현 단어 알기
	다음 단계	마음챙김 하며 신체적 감각에 집중하기
수업 준비	자리 배치	자유롭게
	준 비 물	종/싱잉볼

수업 전개	
	▨ 어떤 기술을 왜? ① 발문: 평소 스트레스에 어떻게 대처하나? ② 마음챙김에 대해 소개하고 기본적인 마음챙김 호흡 해 보기 안내 　※ 동영상 자료: https://www.youtube.com/watch?v=mjtfyuTTQFY 　　https://www.youtube.com/watch?v=VTA0j8FfCvs 참조) 　※ 유의 사항: 마음챙김은 불교의 수행법에서 유래했지만 종교적인 것이 아니라는 사실을 알려 주어야 한다. 현재 학교에서 활용하는 마음챙김 프로그램은 스트레스 환자를 치료하기 위한 현대 의학의 방법을 교육에 적용한 것으로, 전 세계 많은 나라의 학교에서 활용하고 있다. ▨ 사회정서적 기술 훈련하기 ① 준비하기: 시작하기 전에 고개 돌리기, 어깨 돌리기 같은 가벼운 스트레칭으로 몸의 긴장을 풀어 준다. 허리를 펴고 바른 자세로 앉고, 눈은 편안하게 감도록 한다. 　**Tip** : 초등학교 저학년이라면 호흡에 집중하기 쉽게 누운 자세로 배 위에 인형을 올려놓고 호흡을 관찰하도록 할 수 있다. ② 종소리 듣기: 종소리를 듣는 것은 주의를 돌려 호흡에 집중하도록 하는 효과가 있으며, 앞으로 교실에서 마음챙김을 시작하고 종료하겠다는 신호 역할을 한다. 종소리가 완전히 사라질 때까지 끝까지 듣도록 안내한다. 　**Tip** : 종소리를 내기 위해 진동바를 사용하는 것이 간편하나 국내에서는 구입하기 어려우므로 싱잉볼이나 정주(놋 주발 모양의 작은 종에 손잡이 또는 끈을 단 국악기), 핸드벨을 사용할 수 있다. ③ 호흡에 집중하기: 호흡은 평소보다 조금 깊고, 느리게 쉬도록 한다. '코'나 '목', '배' 어디든 관찰하기 좋은 곳을 관찰하도록 한다. 숨 쉬는 몸의 움직임과 공기의 흐름, 느낌을 관찰한다. 이때 난생처음 달팽이를 구경하듯, 귀여운 강아지를 보듯 친절하고 호기심 어린 태도를 유지하도록 한다. 　※ 유의 사항: 어느 교실이나 집중을 잘 못하고 움직이는 산만한 학생이 있을 수 있다.

수업 전개	그런데 움직이지 않는 것보다 더 중요한 점은 내가 움직였다는 사실을 알아차리고 다시 호흡에 집중하는 것이다. 움직이는 학생이 있다면 이를 알려 주어야 한다. 만일 어떤 생각이 머릿속에 떠올랐다면 그 생각에 사로잡히지 말고 호흡에만 집중해야 한다고 알려 준다. ④ 종소리 듣기 ⑤ 자신의 감정 인식하고 눈 뜨기 　　**Tip**: 정서문해력 수업과 연계해 정서 단어 목록을 나누어 주고 참고하도록 하거나 감정체크판에 감정을 표시하도록 할 수 있다. ⑥ 알아차린 것이나 느낀 점을 묻고 답하기 　　※ 유의 사항: 기대했던 것처럼 차분해졌거나 평온해졌다는 대답이 나오지 않을 수 있다. 간혹 지루하거나 불쾌했다는 표현을 하는 학생이 있을 수도 있다. 하지만 마음챙김에서 중요한 것은 있는 그대로 자신의 마음을 관찰하는 것이다. 그러므로 호흡에 집중한 것만으로도 마음챙김을 훌륭하게 했음을 알리고 칭찬해 주고, 또 대답하기를 원하지 않는 학생이 있다면 대답하지 않아도 된다고 하는 것이 좋다. • 준비하기 • 종소리 듣기 • 호흡에 집중하기 • 종소리 듣기 • 자신의 감정 인식하고 눈 뜨기 ▨ 지속적인 훈련을 위한 안내 　① 마음챙김 방법이 순서대로 적힌 안내물을 교실에 게시 　② 진지하게 참여한 학생들을 칭찬한 뒤 평상시에 마음챙김을 해 볼 것을 권유하고 수업을 마친다.
일상생활에 적용하기	매일 아침 또는 저녁에 마음챙김 하기 과제 제시
교과 연계	스트레스와 관련한 이야기, 사건, 작품 등과 관련해 마음챙김을 소개하고, 기본적인 호흡법 익히기
생활지도 연계	조회와 종례 시간에 학급 운영 프로그램으로 활용
가정 연계	마음챙김에 대한 안내와 함께해 보는 과제 제시

232

학습지 – 과제

날짜	/	/	/	/	/	/	/
명상 시간							
호흡에 집중했나요? (○)							
명상 전							
명상 후							

날짜	/	/	/	/	/	/	/
명상 시간							
호흡에 집중했나요? (○)							
명상 전							
명상 후							

소감*을 적어 봅시다	

* 개인의 내면을 공개하는 것에 거부감을 느끼는 학생이 있을 수 있다. 그러므로 마음챙김을 지도할 때 소감은 발표 하지 않는 것이 원칙이며, 이러한 원칙을 학생들에게 알려 주어야 한다.

마음챙김 하며 먹기

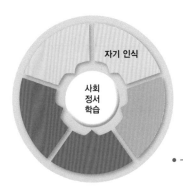

● **주요 사회정서적 역량과 기술**

- 사회정서적 역량
  - 자기 인식
- 사회정서적 기술
  - 자신에 대해 정확하게 인지하기

● **수업 예시**

제 목	마음챙김 하며 먹기	
성취 기준	자신에 대해 명확하게 인식할 수 있다.	
인성 요소	자기 관리	
학습 주제	마음챙김 하며 먹기를 통해 자신을 명확하게 인식하기	
학습 목표	마음챙김 하며 먹기를 통해 자신을 명확하게 인식하는 방법을 익힐 수 있다.	
계열성	이전 단계	마음챙김 하며 호흡하기
	다음 단계	마음챙김 하며 바디스캔하기
수업 준비	자리 배치	자유롭게
	준 비 물	종/싱잉볼, 건포도, 건포도 담을 접시, 집게나 위생장갑
수업 전개	▨ 어떤 기술을 왜? 　① 발문: 마음챙김 하며 호흡하기를 해 보았나? 어땠나? 　② 지금, 여기, 나에게 더 집중할 수 있는 마음챙김 방법 배우기 안내 　※ 마음챙김 하며 먹기는 학생들의 흥미를 유발하기도 하지만, '지금, 여기, 나'에게 　　집중하는 것이 무엇인지 효과적이고 쉽게 가르쳐 줄 수 있는 방법이다.	

	▨ 사회정서적 기술 훈련하기
	① 준비하기
	② 종소리 듣기
	③ 호흡에 집중하기
	④ 종소리 듣고 눈 뜨기
	⑤ 건포도 관찰하기

▨ 사회정서적 기술 훈련하기

① 준비하기

② 종소리 듣기

③ 호흡에 집중하기

④ 종소리 듣고 눈 뜨기

⑤ 건포도 관찰하기

건포도를 한 알씩 손에 올려 준 다음 관찰하도록 한다.

- 친절한 호기심을 갖고

- 색깔, 무게감, 촉감, 냄새

- 건포도가 아니라고 생각해 보고

- 어디서 생겨나서 어떻게 나에게 왔는지

※ 유의 사항: 건포도 대신 사과 한 조각 등 다른 식품을 활용할 수 있다. 식품을 나
눠 줄 때는 알레르기가 있는지 확인해야 한다. 있다면 다른 식품(사과 조각, 초콜
릿 등)으로 대체해야 한다.

⑥ 건포도 먹기

입안에 넣고 앞에서와 마찬가지로 관찰하도록 한다. 이때 내 입안과 몸, 생각이
나 감정의 변화도 함께 관찰한다.

이제 한 번씩 나누어 씹고 관찰하기를 반복한다.

마지막으로 삼키면서 건포도의 이동, 내 입안과 몸의 느낌과 움직임, 내 감정과
생각을 관찰하도록 한다.

※ 유의 사항: 천천히 먹는 것을 이해시키기 위해 슬로모션으로 먹는 것이라고 설명
한다. 입안에서 관찰할 때는 아직 씹어서는 안 된다. 빨리 씹고 삼키고 싶어 하는
욕구를 관찰해 보도록 한다.

⑦ 마음챙김 하며 무엇을 알아차렸는지/이런 식으로 먹는 것의 좋은 점을 묻는다.

※ 마음챙김 하며 먹기의 좋은 점 예: 지금, 여기에 집중할 수 있음. 평소의 무의식적
인 행동과 자동적인 반응 등 자신에 대해 잘 관찰할 수 있음. 감사하는 마음을 가
질 수 있음. 건강에 좋음.

▨ 지속적인 훈련을 위한 안내

평소 음식을 먹을 때 마음챙김 하며 먹을 것을 안내하고, 수업을 마친다.

수업 전개

•준비하기   •종소리 듣기   •호흡에 집중하기

수업 전개	•종소리 듣고 눈 뜨기 •건포도 관찰하기 •건포도 먹기
일상생활에 적용하기	평소 음식을 먹을 때 한 가지를 택해서 마음챙김 하면서 먹어 보기 마음챙김 하며 양치질하기

교과 연계	가정	싫어하는 음식을 마음챙김 하며 먹어 보기
가정 연계	부모님이 요리해 주신 음식을 마음챙김 하며 먹어 보기 과제 내기	

학습지 – 과제 ①

날짜	월 일 요일	시각	오전/오후 시 분경
활동 시간	약 분	장소	
활동 주제	**마음챙김 하며 먹기**		
무엇을 먹었나?			
알아차린 것 (생각·감정·감각)			

명상 전	◯	명상 후	◯
소감			

236

날짜	월 일 요일	시각	오전/오후 시 분경
활동 시간	약 분	장소	
활동 주제	마음챙김 하며 양치질하기		
알아차린 것 (생각·감정·감각)			
명상 전		명상 후	
소감			

감각 알아차리기

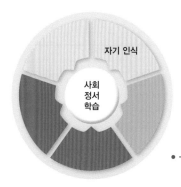

● **주요 사회정서적 역량과 기술**

· 사회정서적 역량
   – 자기 인식
· 사회정서적 기술
   – 자신에 대해 정확하게 인식하기

● **수업 예시**

제 목	마음챙김 하며 바디스캔하기	
성취 기준	자신에 대해 명확하게 인식할 수 있다.	
인성 요소	자기 관리	
학습 주제	마음챙김 하며 바디스캔하기를 통해 현재 자신의 감각 인식하기	
학습 목표	마음챙김 하며 바디스캔하기를 통해 지금 자신이 무엇을 어떻게 느끼는지 명확하게 인식할 수 있다.	
계열성	이전 단계	마음챙김 하며 먹기
	다음 단계	마음챙김 하며 생각 알아차리기
수업 준비	자리 배치	원형
	준 비 물	종/싱잉볼, 요가 매트, 체육복, 학습지
수업 전개	▨ 어떤 기술을 왜? ① 발문: 마음챙김 하며 호흡하기를 해 보았나? 어땠나? ② 바디스캔bodyscan은 스캔하듯이 정수리 끝부터 발끝까지 자신의 신체 감각을 관찰하는 것을 의미한다. 오늘은 바디스캔을 통해 현재 나의 감각을 명확하게 인식하는 연습을 해 볼 것을 안내한다.	

■ 사회정서적 기술 훈련하기

① 마음챙김 하며 스트레칭하기

② 요가 매트 위에 둥글게 서기: 바디스캔을 하기 전 스트레칭은 내 몸의 감각을 잘 관찰하는 데 도움이 됨을 설명한다.

③ 돌아가며 스트레칭 동작 하고 따라 하기: 교사가 먼저 스트레칭 시범을 보인다. 한 명씩 돌아가면서 스트레칭 동작을 하면 나머지 학생들이 따라 한다. 이때 자신의 감정과 몸의 감각을 집중해서 관찰해야 한다.

> ※ 유의 사항: 부끄러움이 많은 학생이 주저하는 경우, 그 감정을 있는 그대로 관찰하며 해 보도록 한다. 반대로 장난기가 많은 학생의 경우는 다른 친구의 마음챙김을 방해하지 않도록 발언을 삼가고 집중해야 한다고 안내한다.
>
> **TIP**: 시간이 부족하다면 스트레칭 동작이 담긴 간단한 동영상을 따라 하는 활동으로 대체할 수 있다.

④ 바디스캔 준비하기: 요가 매트에 가부좌 자세로 앉아 양손을 무릎 위에 놓고 척추를 바르게 세운 다음 눈을 감아 마음챙김을 준비한다.

> ※ 유의 사항: 누워서 할 수도 있다. 대부분 학생들은 누워서 하는 것을 매우 좋아한다. 단 이때는 학생들이 잠들지 않도록 주의를 주어야 한다. 여학생의 경우는 눕는 것이 불편할 수도 있으므로 학생들이 모두 눕기를 원할 때도 불편한 학생은 앉을 수 있도록 배려해야 한다.

⑤ 종소리 듣기

⑥ 바디스캔하기: 정수리부터 발가락 끝까지 몸의 감각 하나하나를 살핀다. 동시에 제 기능을 다하는 신체에 감사함도 느껴 본다.

> **TIP**: 저연령 학생에게는 바디스캔이 지루하고 어려울 수 있다. 그러므로 초등학생을 대상으로는 작은 나비가 내 몸에 앉았다 날아갔다를 반복한다고 상상하며 신체 감각을 느껴 보도록 지도할 수 있다.

⑦ 주변 관찰하기: 정수리부터 발가락 끝까지 다 관찰한 뒤 소리, 온도, 냄새, 촉감, 빛을 느껴 보도록 한다. 또 내가 차지하고 있는 공간과 시간의 흐름도 느껴 본다. 나의 삶을 가능하게 해 주는 모든 것에 감사함을 느껴 본다. 마지막으로 자신의 감정도 느껴 본다.

⑧ 종소리를 듣고 부드럽게 눈을 뜬다.

⑨ 명상 일지 기록하기: 매트를 정리하고 자리로 돌아가 자신이 마음챙김 하는 동안 관찰한 것과 소감을 기록한다.

수업 전개

수업 전개	■ 지속적인 훈련을 위한 안내 진지하게 참여한 학생들을 칭찬하고, 하루 일과를 마치고 운동한 후 휴식을 취할 때 바디스캔 명상하는 방법을 안내한 다음 수업을 마친다. • 스트레칭하기 • 종소리 듣기 • 바디스캔하기 • 주변 관찰하기 • 감정 관찰하기 • 종소리 듣고 눈 뜨기
일상생활에 적용하기	등하교할 때든 산책할 때든 언제든지 마음챙김 하며 걷기 해 보기를 과제로 제시 　　TIP: 걷기 명상은 바깥 명상 수업으로 할 수 있다. 

교과 연계	**체육**	경기 후에 바디스캔하며 자신의 신체 감각 알아차리기

생활지도 연계	스트레스 때문에 몸이 아프다는 학생에게 자신의 감각을 알아차리고 어디가 얼마나 아픈지 명확하게 인식하도록 돕기
가정 연계	가족과 함께 마음챙김 하며 산책하기 과제 제시 　　TIP: 마음챙김을 위해 대화 대신 조용히 발을 맞춰 걸을 수도 있고, 종소리를 흉내 내어 '공~'이라고 번갈아 소리를 내며 걸을 수도 있다.

학습지

날짜	월 일 요일
활동 내용	마음챙김 하며 바디스캔하기
알아차린 것	
소감	

학습지 – 과제

날짜	월 일 요일	시각	오전/오후 시 분경
활동 시간	약 분	장소	
활동 주제	마음챙김 하며 산책하기(걷기)		
알아차린 것 (생각·감정·감각)			
명상 전	⬤	명상 후	⬤
소감			

생각 알아차리기

자기 인식

사회
정서
학습

● **주요 사회정서적 역량과 기술**

• 사회정서적 역량
  – 자기 인식
• 사회정서적 기술
  – 자신에 대해 정확하게 인식하기

● **수업 예시**

제 목	비눗방울 관찰하기	
성취 기준	자신에 대해 명확하게 인식할 수 있다.	
인성 요소	자기 관리	
학습 주제	마음챙김 하며 비눗방울 보기를 통해 자신의 생각 관찰하기	
학습 목표	마음챙김 하며 비눗방울을 관찰할 수 있고, 생각과 비눗방울의 공통점을 찾아 설명할 수 있다.	
계열성	이전 단계	마음챙김 하며 자신의 감각과 감정 관찰하기
	다음 단계	마음챙김 하며 지금, 여기에 집중하기
수업 준비	자리 배치	자유롭게
	준 비 물	종/싱잉볼, 비눗방울, 학습지 **TIP**: 비눗방울은 계면활성제가 적고 잘 터지지 않는 것으로 준비하는 게 좋다. 계면활성제가 많은 비눗방울을 닫힌 공간에서 불면 유해할 뿐만 아니라 학생들이 기침을 해 명상하는 데 방해가 된다. 또 잘 터지면 비눗방울을 관찰할 시간이 충분하지 않으므로 잘 터지지 않는 비눗방울이 적합하다.

수업 전개	▨ 어떤 기술을 왜?
	
	 ① 발문: 마음챙김 하며 걷기를 해 보았나? 어땠나?
	
	 ② '생각 알아차리기, 친절하고 호기심 어린 태도 갖기, 지금 여기에 집중하기'를 훈련하기 위해 효과적인 마음챙김 방법으로 비눗방울 명상할 것을 안내
	
	 ▨ 사회정서적 기술 훈련하기
	
	 ① 준비하기
	
	 ② 종소리 듣기
	
	 ③ 호흡에 집중하기
	
	 ④ 종소리 듣고 눈 뜨기
	
	 ⑤ 비눗방울 관찰하기: 비눗방울을 불어 교실 공간을 채우고, 비눗방울이 거의 없어질 때까지 비눗방울을 관찰하도록 한다. 관찰하는 동안 자신의 감정, 감각, 생각을 관찰한다.
	
	     ※ 유의 사항: 비눗방울을 손가락으로 터뜨리며 장난치지 않도록 한다. 명상 도중에 말을 하는 것은 다른 사람의 명상을 방해하는 것임을 인지시킨다.
	
	     Tip: 날씨가 좋고 바람이 불지 않는 날이면 바깥에서 실시할 수도 있다.
	
	 ⑥ 기록하기: 명상 도중 알아차린 것들을 기록지에 기록한다.
	
	 ⑦ 비눗방울과 생각의 공통점 찾기: 비눗방울과 생각의 공통점을 브레인스토밍 한다.
	
	     ※ 공통점: – 시간이 변하면서 작아지고 터진다.
	             – 어느 방향으로 흘러갈지 모른다.
	             – 다양하다.
	             – 다른 생각과 합쳐지기도 한다
	
	 ⑧ 활동 소감을 기록지에 적는다.
	
	 ▨ 지속적인 훈련을 위한 안내
	
	 ① 브레인스토밍으로 정리한 비눗방울과 생각의 공통점을 교실 벽에 게시한다.
	
	 ② 앞으로 마음챙김 할 때 비눗방울을 관찰하듯 생각을 관찰할 것을 안내한다.
	
	     • 준비하기
	     • 종소리 듣기
	     • 호흡에 집중하기
	     • 종소리 듣고 눈 뜨기
	     • 비눗방울 관찰하기
	     • 비눗방울과 생각의 공통점 찾기

수업 전개	
일상생활에 적용하기	생각을 쫓아가지 않고 퍼레이드를 지켜보듯 관찰하는 과제 내기, 관찰한 생각은 비눗방울을 그려 그 안에 기록하기

교과 연계	국어	우리의 감정, 감각, 생각을 마음챙김을 통해 관찰하고, 특정 사물에 비유해 묘사하는 시나 수필 작문하기
생활지도 연계		비폭력 대화를 사용해야 할 때 마음챙김 하며 자신의 생각을 바라봄으로써 욕구를 명확하게 관찰하도록 안내하기

📋 학습지

날짜	월 일 요일
활동 내용	비눗방울 관찰하기
알아차린 것	

소감	

학습지 – 과제

날짜	월 일 요일	시각	오전/오후 시 분경
활동 시간	약 분	장소	
활동 주제	생각 퍼레이드		
알아차린 것			
명상 전		명상 후	
소감			

지금 여기에 머물기

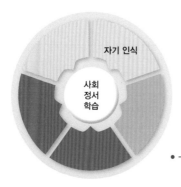

● **주요 사회정서적 역량과 기술**

- 사회정서적 역량
  - 자기 인식
- 사회정서적 기술
  - 자신에 대해 정확하게 인식하기

● **수업 예시**

제 목	여긴 지금 어디?	
성취 기준	자신에 대해 명확하게 인식할 수 있다.	
인성 요소	자기 관리	
학습 주제	지금 여기에 집중하는 연습하기	
학습 목표	마음챙김 하며 비눗방울을 관찰할 수 있고, 생각과 비눗방울의 공통점을 찾아 설명할 수 있다.	
계열성	이전 단계	마음챙김 하며 자신의 감각, 감정, 생각 관찰하기
	다음 단계	마음챙김 하며 습관적으로 갖는 비관적, 비현실적인 생각 알아차리기
수업 준비	자리 배치	자유롭게
	준 비 물	종/싱잉볼
수업 전개	▨ 어떤 기술을 왜? ① 발문: 마음챙김 하며 생각 퍼레이드 관찰하기를 해 보았나? ② '생각 알아차리기, 지금 여기에 집중하기'를 훈련하기 위해 효과적인 마음챙김 할 것을 안내	

■ 사회정서적 기술 훈련하기

① 준비하기

- 대시보드dashboard 설명하기: 칠판에 커다랗게 대시보드를 그린다. 대시보드는 자동차 속도 계기판을 의미한다. 여기서는 과거, 현재, 미래를 화살표로 가리키는 대시보드를 그린다. 오늘 마음챙김 할 때 교사가 명상 도중 짧은 종을 울리면 학생들은 자신의 마음이 머무는 시간의 대시보드를 손가락으로 가리킨다.

  TIP: 싱잉볼이나 핸드벨을 울리고, 울리는 부분을 손으로 잡으면 짧은 종소리를 낼 수 있다.

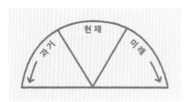

- '생각'이라고 말하기

  자신의 생각을 관찰하는 것이 처음에는 어려울 수 있다. 마음챙김 도중 자신이 어떤 생각을 하고 있다면, '생각'이라고 마음속으로 말해 자신이 어떤 생각에 사로잡혔음을 알아차리고 다시 호흡에 집중하도록 한다. 명상이 끝난 후 '생각'을 마음속으로 몇 번 말했는지 물을 것을 미리 알려 준다.

② 마음챙김 준비하기

③ 종소리 듣기

④ 호흡에 집중하기

⑤ 짧은 종 울리기: 눈을 떠서 칠판에 방금 전 자신의 생각이 머물렀던 시간을 가리킨다.

⑥ 짧은 종 울리기: 눈을 감고 다시 호흡에 집중한다.

⑦ ⑤~⑥번 여러 번 반복하기

  TIP: 교사는 과거나 미래를 계속 가리키는 학생들을 눈여겨보고, 수업이 끝난 뒤 마음챙김에 대해 대화를 나누며 지도할 수 있다.

⑧ '생각'이라고 마음속으로 말하기: 어떤 생각에 이끌려 있다면, 알아차리고 '생각'이라고 마음속으로 말하도록 지도한다.

수업 전개	⑨ 종소리 듣고 눈 뜨기 ▨ 지속적인 훈련을 위한 안내 　① '지금, 여기, 나'에 머물기가 쉬웠는지 혹은 어려웠는지, '생각'을 마음속으로 몇 　　번 말했는지 물어본다. 　② 대시보드를 교실 앞에 게시한 후 '지금, 여기, 나'에 머무는 마음챙김을 독려하 　　고 수업을 마무리한다. • 준비하기 • 종소리 끝까지 듣기 • 호흡에 집중하기 • 짧은 종이 울릴 때, 자신이 머문 시간을 대시보드에 가리키기 • 마음속 생각을 관찰할 때, '생각'이라고 마음속으로 말하기 • 종소리 끝까지 듣고 눈 뜨기
일상생활에 적용하기	'감정'이라고 마음속으로 말하기: 마음챙김 하면서 어떤 감정이 들었을 때 감정에 사 로잡히지 않고 '감정'이라고 마음속으로 말해 본 후 명상 활동을 기록하는 과제 내기

교과 연계	국어	감정의 파도 서핑하기: 마음챙김 하며 자신의 감정을 관찰하되 감정에 휩쓸리지 않고 감정의 파도가 흘러가는 대로 관찰한 뒤 '서핑'에 비유해 어떤 서핑을 했는지 작문하는 과제 내기

생활지도 연계	격정적으로 슬프거나 화가 났을 때 학생들이 혼자서 조용히 마음챙김 할 수 있는 안 전 공간을 학교나 교실 한편에 만들어 주기

학습지 – 과제

날짜	월 일 요일	시각	오전/오후 시 분경
활동 시간	약 분	장소	
활동 주제	\'감정\'이라고 마음속으로 말하기		

알아차린 것 (생각·감정·감각)	

명상 전	⬤	명상 후	⬤

소감	

19장

마음챙김을 통해
긍정적인 마음 갖기

부정적인 사고 습관 인지하기

● 주요 사회정서적 역량과 기술

- 사회정서적 역량
  - 자기 관리
- 사회정서적 기술
  - 스트레스 조절하기

● 수업 예시

제 목	마음챙김 하며 9점 퍼즐 풀기
성취 기준	스트레스를 유발하는 상황으로부터 거리를 둘 수 있다.
인성 요소	자기 관리
학습 주제	마음챙김 하며 9점 퍼즐 풀기를 통해 부정적인 생각 습관 알아차리기
학습 목표	마음챙김 하며 9점 퍼즐 풀기를 통해 자신의 부정적인 생각 습관을 알아차리고 거리를 둘 수 있다.

계열성	이전 단계	마음챙김 하며 생각 관찰하기
	다음 단계	유쾌한 사건 명상하기
수업 준비	자리 배치	자유롭게
	준 비 물	학습지, 종/싱잉볼

수업 전개	▨ 어떤 기술을 왜? ① 발문: 나는 평소 나 자신에게 친절한 생각을 더 많이 하나, 불친절한 생각을 더 많이 하나? 혹은 긍정적인 생각을 더 많이 하나, 부정적인 생각을 더 많이 하나? ② 오늘은 수학 문제를 풀 때처럼 어려운 과제를 할 때 나의 생각이 친절한지 불친절한지, 긍정적인지 부정적인지 알아볼 것임을 안내 ▨ 사회정서적 기술 훈련하기 ① 준비하기 ② 종소리 끝까지 듣기 ③ 호흡하기 ④ 종소리 듣고 눈 뜨기 ⑤ 9점 퍼즐 푸는 법 설명: 학습지를 처음 받고 9점 퍼즐을 풀어야 한다는 사실을 알았을 때 나의 생각들을 관찰해 기록하도록 한다. (예: 난 못할 거야. 이런 거 제일 싫어하는데. 짜증 나./재미있겠다. 난 할 수 있어.) ⑥ 9점 퍼즐 풀기: 9점 퍼즐을 풀면서 지나가는 나의 생각들을 관찰해 기록한다. (예: 역시 못할 줄 알았어. 왜 이렇게 어려워. 하기 싫어. 포기할래. 난 바보야. 집에 가고 싶어. 선생님은 왜 이런 걸 줘서 날 괴롭히지./난 할 수 있어. 안 풀리지만 재미있는데.) ※ 유의 사항: 9점 퍼즐을 풀 때 창의력을 발휘해서 풀려는 학생들이 있다. 창의력으로 쉽게 단번에 푸는 것이 아니라 수학 시험에 나오는 문제를 풀 듯이 풀어야 한다고 설명한다. 혹시 창의적으로 풀려고 했다면 풀기 어려워서 꾀를 쓰려던 것은 아닌지 알아차려 보라고 일러 준다. ⑦ 힌트 주기: 선분과 직선의 개념을 설명해서 힌트를 준다. 힌트를 준다고 했을 때 나의 생각들을 관찰해 기록하도록 한다. (예: 역시 난 힌트가 필요해. 힌트 없인 내가 못할 줄 알았어./나 스스로 할 수 있는데 아쉽다. 나 스스로 할 수 있는데 짜증 나./신난다. 이제 풀 수 있겠다.)

⑧ 계속 풀기: 힌트를 들은 후 다시 퍼즐을 풀면서 알아차린 것을 기록하도록 한다. 다 푼 학생은 조용히 손들고 학습지 엎어 놓은 다음 마음챙김 하며 자신의 감정과 생각을 관찰하도록 한다. 아무개가 다 풀었다고 했을 때 나의 생각을 기록한다. (예: 역시 쟤는 풀 줄 알았어. 좋겠다. 질투 나. 나는 못할 줄 알았어./나도 풀 수 있을 거야.)

⑨ 마지막 기회 주기: 2분 남았음을 알려 주고, 2분 후 활동을 종료한다.

⑩ 불친절한 생각 확인하기: 기록지의 생각을 친절한 생각, 불친절한 생각으로 나누고 빈도를 기록하도록 한다. 친절한 생각이 불친절한 생각보다 많은 사람의 수를 확인한다. 이제 아무리 어려운 과제라도 왜 불친절하다는 생각이 압도적으로 많은지 발문하고 문답법으로 설명한다.

　※ 아무리 어려운 과제라도 왜 불친절하고 부정적인 생각이 압도적으로 많을까? 인간은 원래 부정적인 생각을 더 많이 하는 존재다. 심리학적으로 인간은 비판, 불평, 불만, 시기하는 마음을 가진 존재다. 왜냐하면 그런 구석기인들이 진화해서 더 잘 살아남았고 우리는 그들의 후손이기 때문이다. 그런데 진화해서 생존하는 것과 개인이 행복하게 사는 것은 별개의 문제다. 특히 현대 사회는 생존하는 데 어려움이 없어졌지만 대신 불행을 느끼는 사람이 많아져서 문제가 된다.

⑪ 불친절한 생각 습관 다루기: 나의 부정적인 생각들이 사실이 아니라 습관임을 인식할 필요가 있다. '불친절한 생각들을 알아차리는 것은 어떤 도움이 될까?' 브레인스토밍 한다.

　※ 불친절한 생각을 알아차리는 것의 이점
　　- 나만 그런 게 아니라는 것을 알고 스스로 위로할 수 있음.
　　- 부정적인 생각들이 비현실적이거나 과장된 것이라는 사실을 알아차릴 수 있음.
　　- 부정적인 생각의 습관을 변화시킬 수 있음.

⑫ 일지에 알아차린 것과 소감 작성하기

　TIP: 학생은 소감을 작성해야 배운 내용을 더 확실하게 인지할 수 있고, 교사는 소감문을 통해 학생들이 얼마나 마음챙김을 잘하는지 파악하고 피드백하며 교수 학습을 수정, 보완할 수 있다.

▧ 지속적인 훈련을 위한 안내

부정적인 생각 습관을 깨우치거나 위로하기 위한 문구를 적은 쪽지를 만들어 책상이나 침대 곁에 붙이는 방법을 안내하고 수업을 정리한다.

•준비하기

수업 전개	• 종소리 듣기 • 호흡에 집중하기 • 종소리 듣고 눈 뜨기 • 9점 퍼즐 풀기 • 불친절한 생각 확인하기 • 불친절한 생각 습관 알아차리기
일상생활에 적용하기	불쾌한 사건 명상 과제 내기 ※ 불쾌한 사건에 대한 나의 생각은 사실과 다르고 과장되고 가혹한 경우가 많다. 불쾌한 사건에 대해 마음챙김 하고 알아차린 것과 소감 적는 과제를 제시한다.
교과 연계	**수학**: 수학 공부를 할 때 부정적인 생각 습관을 알아차리는 마음챙김을 한 후, 긍정적인 생각으로 변화시키기 위한 문구를 적은 수학 교과서 책갈피 만들기 **미술**: 부정적인 생각을 알아차리기 위한 문구를 캘리그래피로 표현하기
생활지도 연계	경험을 부정적으로 해석하는 경향이 많은 학생에게 마음챙김을 통해 부정적인 사고 습관을 알아차리도록 지도하기
가정 연계	가족에게 9점 퍼즐 풀기 활동에 대해 설명한 다음, 평소 어려운 일을 겪을 때 가족이 어떤 생각과 태도를 갖는지 대화를 나눈 뒤 보고서 쓰는 과제 내기

학습지 ❶

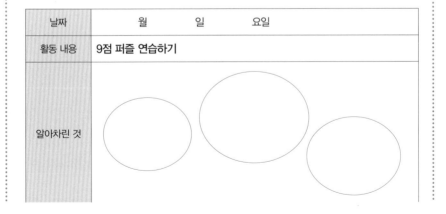

날짜	월 일 요일
활동 내용	9점 퍼즐 연습하기
알아차린 것	

9점 퍼즐

학습지 ❷

아래 있는 것은 9점 퍼즐이다. 연필을 종이에서 떼지 말고, 어떤 선도 다시 지나지 않으면서 네 직선을 그려 모든 점을 이어 보자.

※ 유의 사항: 이 연습은 정답을 얻으려는 것이 목적이 아니다. 퍼즐을 풀려고 애쓰는 동안 자신이 스스로에게 어떻게 이야기하는지 지켜보자. 친절한지 불친절한지 주의를 기울여 보자.

학습지 – 과제

날짜	월 일 요일	시각	오전/오후 시 분경
활동 시간	약 분	장소	
활동 주제	불쾌한 사건		
알아차린 것	긍정적인 생각　　비판적인 생각　　비현실적인 생각		
명상 전		명상 후	
소감			

우울한 감정 다루기

● 주요 사회정서적 역량과 기술

- 사회정서적 역량
  - 자기 관리
- 사회정서적 기술
  - 긍정성 갖기

● 수업 예시

제 목	나만의 행복 코드 만들기	
성취 기준	긍정적인 태도를 발달시키기 위한 방법을 설명하고 활용할 수 있다.	
인성 요소	자기 관리	
학습 주제	행복한 사건에 대한 마음챙김을 통해 나만의 행복 코드 만들기	
학습 목표	행복한 사건에 대해 마음챙김 하고 행복 코드를 만들어 긍정적인 태도를 지니기 위해서 활용할 수 있다.	
계열성	이전 단계	마음챙김을 통해 자신의 감각, 감정, 생각 알아차리기
	다음 단계	마음챙김을 통해 타인에게 긍정적인 태도 지니기
수업 준비	자리 배치	원형
	준 비 물	학습지, 종/싱잉볼, A4 용지, 매직
수업 전개	▨ 어떤 기술을 왜? ① 발문: 마음이 힘들 때 감정을 어떻게 관리하나? ② 나만의 행복 코드 만들기 활동은 우울한 감정을 다루는 데 효과적인 방법을 마음챙김에 응용한 것이다. 행복한 사건에 주의 집중하는 연습을 통해 긍정적인 삶의 태도를 지니는 방법을 배울 것임을 안내	

수업 전개

▓ 사회정서적 기술 훈련하기

① 행복한 사건 떠올리기: 유쾌한 사건을 하나 떠올리도록 한다.

　　※ 유의 사항: 행복한 사건이 꼭 짜릿하고 날아갈 것 같으며 벅차오르는 일이 아니어
　　도 괜찮음을 알려 준다. 유쾌한 사건을 찾기 힘든, 굉장히 어려운 환경에 둘러싸
　　인 학생이 있을 수 있다. 이런 학생이 유쾌한 일이 없다고 이의를 제기한다면, 사
　　소해 보일지 모르지만 유쾌한 사건이 있으므로 찾아보라고 예(비 온 뒤 맑고 파
　　란 하늘을 보며 기분이 좋았던 경험)를 들며 독려한다.

② 준비하기: 자세를 바로 하고 행복한 사건에 대해 마음챙김 하기를 준비한다.

　　TIP: 학생들이 명상 방법을 이해할 수 있도록 교사가 자신의 경험을 바탕으로
　　예를 들어 설명하면 좋다.

③ 종소리 듣기

　　TIP: 싱잉볼을 학생이 직접 울리도록 해서 흥미를 돋우고, 주도적으로 명상 연습을
　　하도록 도울 수 있다.

④ 행복한 사건에 대해 감각, 감정, 생각 관찰하기

　　※ 유의 사항: 행복한 사건에 대한 마음챙김은 행복한 일을 상상하는 것과 차이가
　　있다. 전자는 실제 있었던 사건에서 내가 경험한 감각, 감정, 생각에 주의를 기울
　　이는 것이다. 반면 행복한 일을 상상하는 것은 내가 바라는 경험에 대한 상상이
　　다. 이 차이점을 학생들이 알도록 설명해 주어야 한다.

⑤ 종소리 듣고 눈 뜨기

⑥ 알아차린 것 기록하기

⑦ 행복 코드 만들기: A4 용지와 매직을 나누어 준다. 행복한 사건에 제목을 붙이
고, 크게 적는다. (예) 약수터 원정대, 눈 떠 보니 무지개, 엄마 품이 좋아

⑧ 행복한 사건에 대해 이야기 나누기

둥글게 배치해서 앉는다. 마음챙김 서클 약속을 설명한다. 한 명씩 돌아가며 나
만의 행복 코드를 보여 주고, 어떤 사건이었는지 당시의 감각, 감정, 그 사건에
대한 현재 자신의 생각 관찰한 것을 이야기한다.

　　※ 마음챙김 서클 약속
　　　- 비밀 유지
　　　- 말하지 않을 권리
　　　- 마음챙김 하며 듣기
　　　- 마음챙김 하며 말하기

⑨ 행복한 사건 명상의 좋은 점 브레인스토밍 하기: 학생들의 감정을 확인하고, 행

수업 전개	복한 사건에 대해 마음챙김 하는 것이 주는 이점을 브레인스토밍 한다. 행복한 사건의 제목은 행복한 사건을 떠올리기 위한 암호 또는 번호 키 역할을 한다. 제목을 떠올림으로써 더 쉽고 빠르게 행복한 명상을 할 수 있음을 설명한다.
	
	※ 행복한 사건 명상의 이점
	   - 즐거운 감정을 느낌
	   - 감사한 마음을 느낌
	   - 스트레스나 우울감 회복에 도움이 됨
	   - 삶의 에너지가 생김
	
	⑩ 소감 기록하기
	
	▓ 지속적인 훈련을 위한 안내
	때때로 행복한 사건에 대한 마음챙김을 통해 여러 개의 행복 코드를 만들고, 붙임쪽지에 적어 책상이나 침대 곁에 붙이는 방법으로 감사한 경험에 주의 집중하는 연습을 할 것을 독려하고 수업을 마친다.
	
	• 행복한 사건 떠올리기
	• 종소리 듣기
	• 행복한 사건에 대한 감각, 감정, 생각 관찰하기
	• 종소리 듣고 눈 뜨기
	• 알아차린 것 기록하기
	• 행복 코드 만들기
	• 행복한 사건에 대해 이야기 나누기

일상생활에 적용하기	또 다른 행복한 사건에 대해 마음챙김 하고 행복 코드 만들기	
교과 연계	**국어**	행복한 사건에 대해 마음챙김 하고, 사건에 대한 수필 쓰기
	음악,미술, 무용	행복한 사건에 대해 마음챙김 하고, 사건에 대한 작품으로 표현하기
생활지도 연계	학급에서 있었던 행복한 사건에 대해 마음챙김 하고, 우리 학급의 행복 코드 만들기	
가정 연계	가족이 함께 경험했던 행복한 사건에 대해 마음챙김 하고, 우리 가족의 행복 코드 만들기 과제 내기	

학습지 ❶

날짜	월 일 요일
활동 주제	유쾌한 사건 명상

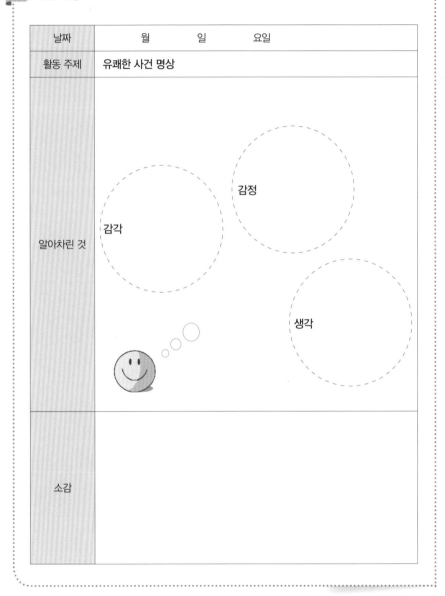

알아차린 것	
소감	

학습지 ❷

1. (비밀) 유지

2. (말)하지 않을 권리

3. 마음챙김 하며 (대화)하기
   - 마음챙김 하며 (듣)기
     • 온몸으로 듣기
   - 마음챙김 하며 (말)하기
     • 과시하고 싶고, 숨고 싶고, 충고하고 싶고,
       누군가에게 해야 할 것을 말하고 싶고,
       논쟁하고 싶고, 웃기고 싶고, 장난치고 싶고, 망치고 싶은
       충동을 느끼는지 알아차리기
     • 그런 다음 언제 어떻게 말할지 선택하기

* 이 모든 약속을 존중하고 친구들에게서 받은 존중을 소중히 여기기

날짜	월 일 요일	시각	오전/오후 시 분경
활동 시간	약 분	장소	
활동 주제	유쾌한 사건	행복 코드	

알아차린 것	감각 감정 생각

명상 전		명상 후	

소감	

마음챙김 하며 행복 바라기

● 주요 사회정서적 역량과 기술

• 사회정서적 역량
  − 자기 관리, 대인 관계
• 사회정서적 기술
  − 긍정성 갖기, 존중하기, 공감하기

● 수업 예시

제 목	나와 너의 행복 바라기	
성취 기준	타인의 입장과 관점을 존중할 수 있다.	
인성 요소	존중, 공감	
학습 주제	나와 타인의 행복을 바라는 마음챙김 활동을 통한 존중하기	
학습 목표	나와 타인의 행복을 바라는 마음챙김 활동을 통해 자신과 타인을 존중하는 자세를 갖고 소중하게 대할 수 있다.	
계열성	이전 단계	마음챙김을 통해 긍정성 갖기
	다음 단계	마음챙김을 통해 책임 있는 의사 결정하기
수업 준비	자리 배치	원형
	준 비 물	학습지, 가운데 빈 의자 두 개, 종/싱잉볼
수업 전개	▨ 어떤 기술을 왜? ① 발문: 나의 행복을 간절하게 바란 적이 있나? 친밀하지 않은 타인의 행복을 바라본 적이 있나? ② '행복 바라기' 명상은 자신과 타인에 대해 긍정적인 태도를 지니도록 하는 데 효과적인 마음챙김 활동이다. 오늘은 자신의 생각이 신체의 변화에 미치는 영향을 인지하고, 타인에 대한 자신의 생각을 관찰한 뒤 자신과 타인의 행복을 빌	

어 줌으로써 친절한 태도 갖기를 연습할 것임을 안내

▨ 사회정서적 기술 훈련하기

① 레몬 먹기 상상하기

- 눈을 감고 레몬을 먹는 상상을 함께 해 본다. 싱싱한 레몬을 반으로 자르고 한 쪽을 들어 입 위에 놓고 손으로 꼭 짜서 과즙을 입안에 흘리는 상상을 하 도록 한다. 이때 입안에 침이 고였는지 묻는다.

- 레몬 먹는 생각을 하는 것만으로 몸이 변화하는 것처럼 우리의 생각이 우리 의 몸과 마음에 영향을 미침을 설명한다. '나는 못 해. 나는 항상 이 모양이야. 내가 그렇지 뭐.' 같은 생각이 아닌, '나는 할 수 있어. 잘될 거야. 나는 행복한 사람이야.' 같은 생각이 필요하다.

② 토닥토닥 마음챙김 하기 준비하기: 현재 겪고 있는, 또는 겪었던 힘든 일이나 책임을 떠올리고, 그것에 대해 연민 어린 혹은 친절한 마음으로 마음챙김 하기를 준비한다.

※ 연민은 가련하게 여기는 것이지만, 동정과는 다른 것이다. 불쌍하고 딱하게 여 기기보다는 친절함과 따뜻한 위로의 감정이 수반되는 감정이다.

③ 종소리 끝까지 듣기

④ 토닥토닥 마음챙김 하기: 내가 행복하기를 간절히 바라며 자신에 대해 따뜻하 고 친절한 마음을 가진 채 호흡에 집중한다.

⑤ 종소리 끝까지 듣고 눈 뜨기

⑥ 자신에게 연민 어린 마음을 가질 수 있는지 질문한다.

TIP: 자신을 위로하는 데 효과적인 방법으로 자신의 어깨를 두 팔로 감싸고 번갈 아 가며 토닥이는 법을 설명해 줄 수 있다.

⑦ '네가 행복하길' 마음챙김 준비하기

가운데 의자 두 개를 배치한다. 앞의 질문에서 자신의 행복을 바라기가 어려웠 던 학생과 잘됐던 학생을 한 명씩 의자에 앉도록 한다. 두 친구에게는 서로가 행복하길 진심으로 간절히 바라는 마음챙김을 할 것을 주문한다.

※ 유의 사항: '타인의 행복 바라기' 수업은 마음챙김 수업에 신뢰가 형성된 후에 실시해 야 한다. 마음챙김 수업에 대해 종교적이며 비과학적이고 시간 낭비일지도 모른다는 불 신이 있을 때 '타인의 행복 바라기' 수업을 하면 진심으로 타인의 행복을 바라기 힘들다. 특히 두 학생이 친하지 않거나 사이가 좋지 않은 경우라면 더욱 그렇다. 그러므로 '타인 의 행복 바라기' 수업은 마음챙김 수업 후반기에 학생들이 진심으로 마음챙김 수업에 열심히 참여한다고 판단되었을 때 실시해야 한다.

⑧ 눈감고 종소리 끝까지 듣기

수업 전개

	⑨ '네가 행복하길' 마음챙김 하기: 상대를 있는 그대로 바라본다. 친구에 대해 내가 가진 감정과 생각이 친구의 전부인지 잘못된 것은 아닌지, 심지어 잔인하지는 않은지 알아차려 본다. 그리고 진심으로 친구가 행복하길 바란다. ⑩ 종소리 끝까지 듣고 눈 뜨기 ⑪ 눈빛 교환하기: 명상이 끝난 후 서로의 눈을 다시 한 번 바라보고 고마움을 눈빛과 미소로 표현하도록 한다. ⑫ 모든 학생이 '네가 행복하길' 마음챙김 하기: 모든 학생을 두 명씩 짝짓는다. ⑦~⑪ 반복하기. **TIP**: 두 명씩 짝을 지을 때 감정체크판을 활용해 기분이 좋은 학생과 그렇지 않은 학생을 짝지어 줄 수 있다. 또는 학급 내에서 친하지 않은 두 친구를 교사가 임의로 짝지어 줄 수도 있다. ⑬ 소감 기록하기
수업 전개	▨ 지속적인 훈련을 위한 안내 '행복 바라기' 마음챙김의 소감을 묻는다. 가족이나 친한 친구가 아닌 다른 사람의 행복을 바라는 것이 나와 우리에게 어떤 좋은 영향을 미치는지 대화를 나눈 뒤, 우리 반의 행복 바라기 명상을 위한 일정을 계획하고 수업을 마친다. • 레몬 먹기 상상하기　　• 연민 어린 마음으로 호흡에 집중하기 • 힘든 일이나 책임 떠올리기　• 자신이 행복하길 바라기 • 눈감고 종소리 듣기　　• 종소리 듣고 눈 뜨기 • 두 명씩 짝짓기　　• 상대가 행복하길 바라기 • 눈감고 종소리 듣기　　• 종소리 듣고 눈 뜨기 • 상대를 있는 그대로 바라보기　• 감사의 눈빛 교환하기
일상생활에 적용하기	평소 친하지 않은 대상을 상대로 행복 바라기 명상 과제 내기
교과 연계	**사회**　사회적 약자와 인권에 관한 주제를 다룰 때 행복 바라기 명상하기
생활지도 연계	학급 내 학교 폭력을 예방하기 위해 조회 시간에 행복 바라기 마음챙김 명상하기
가정 연계	가족의 행복을 바라는 마음챙김 활동 과제 내기

날짜	월 일 요일
활동 내용	나와 너의 행복 바라기
알아차린 것	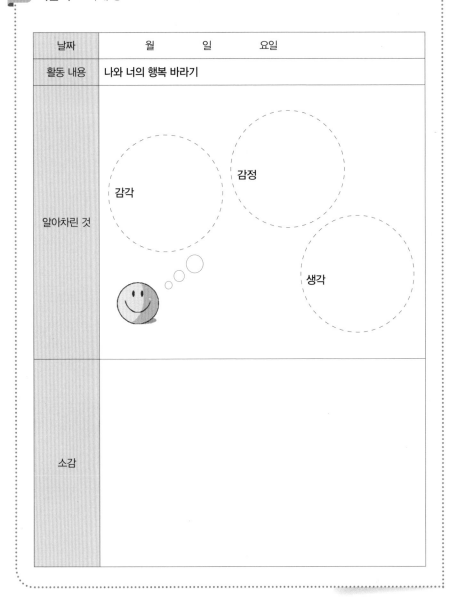
소감	

학습지 – 과제 ②

날짜	월 일 요일	시각	오전/오후 시 분경
활동 시간	약 분	장소	
활동 주제	마음챙김 하며 산책하기(걷기)		

알아차린 것 (생각·감정·감각)			
명상 전		명상 후	
소감			

20장

마음챙김을 통해
책임 있는 의사 결정하기

마음챙김을 통해 감정적 실수 피하기

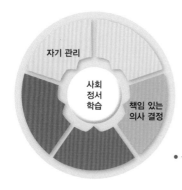

● 주요 사회정서적 역량과 기술

- 사회정서적 역량
  - 자기 관리, 책임 있는 의사 결정
- 사회정서적 기술
  - 감정 조절하기, 문제 및 갈등 해결하기

● 수업 예시

제 목	구멍 피하기
성취 기준	충동적인 행동을 조절할 수 있다. 자신의 사회적 관계와 윤리적 규범을 고려해 의사 결정 기술을 일상적으로 적용할 수 있다.
인성 요소	절제, 책임
학습 주제	'구멍 피하기' 연습을 통해 감정의 실수를 방지하고 책임 있는 행동하기

학습 목표	'구멍 피하기' 연습을 통해 평소 감정의 실수를 방지하고 책임 있는 행동을 할 수 있다.	
계열성	이전 단계	마음챙김을 통해 긍정성 갖기
	다음 단계	일상생활 속에서 마음챙김 실천하기
수업 준비	자리 배치	자유롭게
	준 비 물	학습지, 종/싱잉볼

▨ 어떤 기술을 왜?

① 발문: 최근 후회했던 경험을 떠올려 본다. 왜 후회가 되었나?

② '구멍 피하기'는 습관적으로 저지르는 감정의 실수를 깨닫고 개선하는 데 도움이 되는 마음챙김 명상 활동이다. 오늘은 '구멍 피하기'를 통해 학생들이 스스로 감정을 조절할 수 있는 연습을 할 것을 안내한다.

※ 유의사항: 일상생활 속에서 '구멍 피하기'를 실천하기 위해서는 평소 마음챙김 하는 습관이 중요하므로 '구멍 피하기' 수업은 마음챙김 수업 중반 이후에 하는 것이 효과적이다.

▨ 사회정서적 기술 훈련하기

① 〈다섯 장으로 된 짧은 자서전〉 시詩 감상: 시를 함께 읽고, '구멍과 새로운 길' 그림을 그려 무엇을 비유하는지 설명한다. '구멍'은 습관적으로 빠지는 감정의 실수고, '새로운 길'은 그 습관을 버리고 새로운 대안을 선택하는 것을 의미한다.

② 자신의 구멍(습관적으로 빠지는 감정의 실수)을 찾아 붙임종이에 적기: (예) 동생에게 화내기, 숙제 미루기, 밤늦게까지 게임하기, 늦잠 자고 약속 어기기, 우울감에 빠지기, 부모님께 툴툴대기

③ 종소리 듣기

④ 마음챙김 하며 구멍에 빠졌을 때 떠올리기: 구멍에 빠졌을 때 자신의 감각, 감정, 생각을 떠올린다.

⑤ 종소리 끝까지 듣고 눈 뜨기

⑥ 기록지에 알아차린 것 적기

⑦ 거의 빠질 뻔한 순간 구멍 알아차리기: 평상시 자주 저지르는 감정의 실수를 마음챙김을 통해 알아차릴 것을 독려한다.

⑧ 새로운 길 찾기: 자주 빠지는 구멍에 대해 진정으로 내가 바라는 것을 생각해서 붙임종이에 적도록 한다.

수업 전개	⑨ 자신의 '구멍'과 '새로운 길' 발표하기 ■ 지속적인 훈련을 위한 안내 　① 붙임종이를 모아 '우리가 잘 빠지는 구멍'과 '우리의 새로운 길'을 만들어 　　게시한다. 　② 실제 생활에서 구멍 피하기를 실천하도록 독려하고 수업을 마무리한다. 　• 〈다섯 장으로 된 짧은 자서전〉 감상 　• 자신의 구멍 떠올리기 　• 눈감고 종소리 듣기 　• 구멍에 빠졌을 때 자신의 감각, 감정, 생각 떠올리기 　• 종소리 듣고 눈 뜨기 　• 새로운 길 찾기
일상생활에 적용하기	구멍 피하기 과제: 일상생활에서 내가 자주 빠지는 구멍에 맞닥뜨렸을 때 구멍 피하기 실천하기 ※ 유의 사항: 과제를 내 보면 실제로 해 보지 않고 자신의 '구멍 피하기' 계획이나 시나리오를 적어 과제를 수행하는 경우가 있다. 그러므로 교사는 학생들이 실제 경험을 일지로 작성하도록 강조해야 한다.
교과 연계	**기술, 가정** 사춘기에 자주 저지르는 감정의 실수를 브레인스토밍 하고 새로운 길 탐색하기
생활지도 연계	지각이 잦거나 과제 준비가 미흡한 학생을 생활지도 할 때 구멍 피하기 활용하기
가정 연계	우리 가족이 자주 빠지는 구멍과 새로운 길에 대해 대화 나누기 과제 내기

다섯 장으로 된 짧은 자서전*

길을 걸어가고 있었다.   포르티아 넬슨
길가에는 깊은 구멍이 있다.
구멍에 빠졌다.
길을 잃어버렸다…. 어떻게 할 수가 없다.
그건 내 잘못은 아니다….
나는 영원히 나가는 길을 찾을 수 없을 것이다.

같은 길을 걸어가고 있었다.
길가에는 깊은 구멍이 있다.
못 본 척했다.
다시 구멍에 빠진다.
내가 이곳에 또 있다는 것을 믿을 수 없다.
그러나 그건 내 잘못은 아니다.
빠져 나가는 데는 여전히 많은 시간이 걸릴 것이다.

같은 길을 걸어가고 있었다.
길가에는 깊은 구멍이 있다.
구멍이 거기에 있다는 것을 본다.
그래도 다시 구멍에 빠진다…. 습관이다…. 그러나
나는 눈을 뜨고 있다.
어디에 있는지도 알고 있다.
그것은 나의 잘못이다.
나는 바로 빠져나왔다.

같은 길을 걸어가고 있었다.
길가에는 깊은 구멍이 있다.
나는 그것을 돌아간다.

다른 길을 걸어가고 있다.

• 에이미 샐츠만, 김철호 옮김,
《마음챙김 명상 교육》,
어문학사, 2016.

학습지 ❷

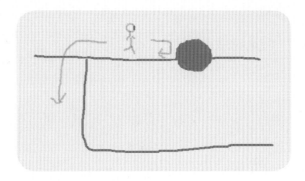

나의 구멍과 새로운 길을 적어 보자.

(예: 숙제나 공부 미루기, 짓궂게 굴기, 형제와의 다툼, 친구 험담하기, 분노 폭발하기,

원하지 않는 것을 말하기, 부모님께 반항하기, 일단 둘러대기 등)

구멍:

_____

_____

_____

내가 진정으로 바라는 것:

_____

_____

_____

새로운 길:

_____

_____

_____

학습지 ❸

날짜	월 일 요일
활동 내용	**구멍에 빠졌을 때 떠올리기**
알아차린 것	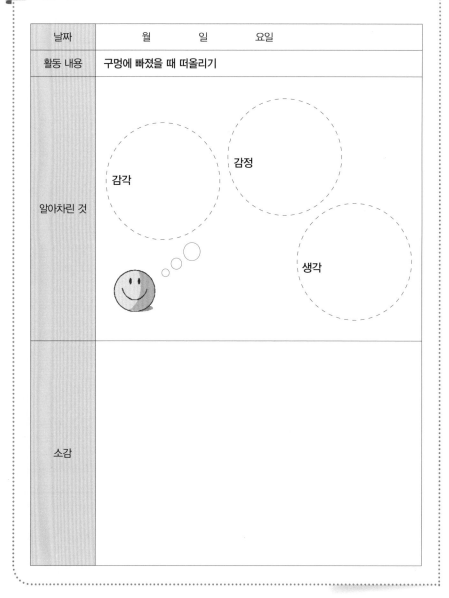
소감	

학습지 ❹

※ 책임 있는 의사 결정 역량을 기르기 위한 마음챙김 수업을 할 때 활용할 수 있다.

마음챙김 하고 있나?	
친구가 나에게 어떤 도움을 필요로 하는지 집중해서 살핀다.	O
외출을 준비하면서 다른 생각을 하느라 챙겨야 할 물건을 빠뜨린다.	X
다른 사람이 이야기할 때 속으로는 내가 무슨 얘기를 할지 생각한다.	X
내 몸이 배고프거나 힘들어서 보내는 신호들을 무시한다.	X
내가 공부를 어떤 식으로 하는지 살펴보고 더 잘할 수 있는 방법을 생각해 본다.	O
친구들이 좋아하니까 따라 한다.	X
친구가 좋아할지 안 좋아할지 생각해 보지 않고 어떤 놀이를 같이하자고 권유한다.	X
새로운 음식에 편견을 갖지 않고 있는 그대로 먹어 보고 맛을 느낀다.	O

학습지 – 과제

날짜	월　　일　　요일	시각	오전/오후　　시　　분경		
활동 시간	약　　분	장소			
활동 주제	**구멍 피하기**				
1. 어떤 구멍이 　 앞에 있었나?					
2. 호흡에 　 집중했나?					

3. 생각, 감정, 감각에 주의를 기울여 보자. 무엇을 알아차렸나?	
4. 나의 바람과 상대의 바람을 적어 보자. (구체적인 상대가 없다면 나의 책임을 적어 보자.)	나의 바람 : 상대의 바람(아니면 나의 책임) :
5. 어떤 새로운 길을 선택했나?	

명상 전		명상 후	
소감			

274

연구에 따르면 마음챙김은 행복감, 집중력, 자아효능감, 면역력을 높이고, 대인 관계에 긍정적인 영향을 미치며, 스트레스를 감소시킨다고 한다. 마음챙김이 어떻게 이러한 효과들을 가져오는 걸까? 마음챙김 연구자들은 대부분 이를 뇌생리학의 원리로 설명한다. 우리 뇌에서 스트레스와 가장 관련 있는 기관은 대뇌변연계다. 눈, 귀 등 감각 기관과 신경 거리가 가장 짧은 대뇌변연계는 편도체, 해마, 띠 이랑, 시상 등으로 구성되어 있다. 그중 편도체는 스트레스 상황이 생겼을 때 우리 몸을 즉각적으로 긴장시켜 감정적인 반응을 일으키고, 정보가 사고와 이성적 판단을 담당하는 전전두엽 피질로 전달되는 것을 방해한다. 평소 기억과 학습을 담당하는 해마는 입력된 정보가 부정적인 것인지를 재빨리 판별해 편도체의 기능을 돕는다. 이에 따라 우리는 스트레스 상황에서 싸우거나 도망치거나 아무것도 못하거나 중 한 가지 반응을 나타낸다. 그런데 이런 반응은 무의식적이고 너무나 즉각적인 것이어서, 전전두엽의 신중한 사고를 거치지 못하고 때로는 후회스러운 행동과 선택을 하도록 한다. 이때 마음챙김은 이러한 반응을 의식적으로 통제할 수 있도록 돕는다. 즉 자신을 자각하는 연습을 통해 나의 신체와 감정, 생각의 변화를 알아차리도록 함으로써 충동적인 행동을 지연시키고 스트레스 상황을 신중하게 판단하도록 한다.

그런데 마음챙김 할 때 스트레스가 감소하는 것은 우리가 스트레스 상황을 자각해서만은 아니다. 특히 호흡을 통한 이완은 격정적이거나 부정적인 생각과 감정을 가라앉힘으로써 마음을 평온하게 하는 역할을 한다. 마음챙김 수련을 지도하는 사람들은 이를 흔히 '고요해진다'고 표현한다. 우리가 생각하고 느끼는 마음의 방 크기는 일정하다고 한다. 어떤 생각에 몰두해 있거나 어떤 감정에 휩싸였을 때, 마음의 방은 그

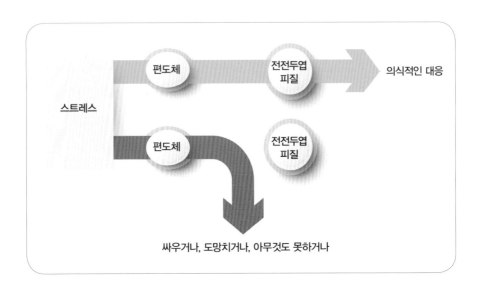

스트레스

편도체 → 전전두엽 피질 → 의식적인 대응

편도체 → 전전두엽 피질

싸우거나, 도망치거나, 아무것도 못하거나

생각과 감정만으로 가득 찬다. 그래서 만약 무언가에 집중한다면 그 안을 다른 생각과 감정이 비집고 들어갈 틈이 없어진다. 이때 호흡에 집중하면, 지금 여기에 있는 나에게만 집중하면서 다른 생각과 감정을 밀어낼 수 있다.

숨은 우리가 살아 있음을 느끼게 하고, 동시에 편안함을 느끼게 한다. 또한 숨은 일부러 생기게 하거나 통제하지 않아도 저절로 들어오고 나간다. 호흡에 집중하는 것은 무언가를 판단하지 않고, 그저 있는 그대로 받아들이는 연습을 하도록 한다. 인간의 뇌는 과거와 미래에 대한 생각을 할 수 있도록 진화되었다. 그래서 과거에 대한 회상 때문에 괴로워하거나 미래에 대해 불안해하고, 그 결과 스트레스에 시달리기 쉽다. 하지만 과거와 미래는 현재 일어나는 일이 아니다. 호흡은 이런 괴로움과 불안에서 벗어나 지금 여기 있는 나에게만 집중할 수 있도록 도와준다.

마음챙김 수업을 할 때 교사는 이러한 마음챙김의 과학적 원리를 학생들에게 설명해 줄 필요가 있다. 학생들은 과학적인 설명에 흥미를 느끼며, 그럴 때 마음챙김을 더 잘 이해하고 받아들인다. 또한 마음챙김은 불교의 수행법에 근원을 두었기 때문에 자칫 종교적인 것으로 오해하기 쉬운데, 과학적인 설명은 그러한 의심을 해소해 주기도 한다.

어떤 사람은 불교에서 마음챙김은 본래 어떤 목적을 위한 도구가 아니라고 문제를 제기할 수도 있다. 즉 스트레스 감소나 개인적인 성공을 위한 도구가 아니라고 말이다. 하지만 본래 마음챙김의 의미와 부처님의 의도를 찾다 보면 마음챙김 수업이 오히려 종교적인 것이 되어 공교육 현장에서 적용하기 어려워질 수도 있다. 마음챙김을 가르치는 교사는 본래 마음챙김의 의미를 탐구하는 것이 의미가 없다는 것이 아니라 종교적인 의도가 없다는 것을 강조할 필요가 있다.

그런데 이 책의 수업 예시들이 중학생에게 초점을 맞추다 보니 초등학교 저학년이나 유치원생을 대상으로 활용하기는 어려워 보일 수 있다. 하지만 나이 어린 아동을 위한 마음챙김 프로그램도 많다. 학령기는 감정의 습관이 확립되는 중요한 시기이고 감정을 조절하지 못해 갈등이 자주 일어나기 때문에, 이에 맞춰 어린 아동이 마음챙김을 쉽고 재밌게 익힐 수 있도록 프로그램을 개발한 것이다. 이런 프로그램들은 인형이나 크기가 늘어났다 줄어들었다 하는 공과 같이 아이들에게 친숙하고 구체적인 사물을 이용해 호흡에 집중하는 법을 가르친다. 또한 감정 조절을 가르치기 위해 반짝이 병을 활용하기도 한다. 교사는 따뜻한 물에 물풀과 반짝이를 풀어서 만든 반짝이 병을 이용해 화가 나는 원리를 쉽게 가르칠 수 있다. 반짝이가 휘몰아치는 것은 호르몬이 격렬히 일어난 매우 감정적인 상태인 반면, 반짝이가 가라앉는 것은 화가 점차 진정되는 과정이다. 반짝이가 모두 가라앉아 물이 투명해지고 깨끗하게 볼 수 있는 상태가 되면, 이제 이성적으로 생각할 수 있음을 의미한다. 반짝이 병은 조절이 필요한 감정에 따라 여러 색깔을 만들어 활용할 수 있다. 예를 들어 '화'는 빨간색, '흥분'은 초록색, '질투'는 노란색 반짝이 병 만들기를 하고, 상황에 따라 적절한 반짝이 병을 고르게 해서 감정을 조절하는 법을 가르치는 것이다.

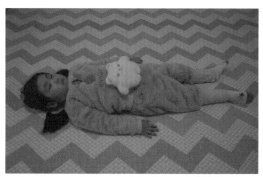

마지막으로 덧붙여 이 책을 읽는 독자가 교사고 마음챙김 수업을 계획한다면 마음챙김 수련을 꼭 해 보기를 권한다. 우리나라에도 교사를 대상으로 하는 마음챙김 연수

들이 있고, 또 템플스테이를 통해서도 마음챙김은 어렵지 않게 접할 수 있다. 또한 국내에 마음챙김에 관한 책들이 상당히 많기 때문에 참고한다면 꼭 전문적인 수련을 받지 않아도 자신만의 마음챙김 수업을 할 수 있다. 다만 교사가 평소에 마음챙김 수련을 꾸준히 하는 것이 중요하다. 해 보는 것과 해 보지 않은 것의 차이가 크고, 수업의 질로 나타나기 때문이다. 교사라면 공감할 텐데 교사는 감정 소모와 스트레스가 많은 직업이다. 그래서 마음챙김은 학생뿐만 아니라 교사 자신을 위해서도 필요하다. 아무쪼록 이 책이 우리나라 학교 공동체가 건강하게 성장하는 데 도움이 되길 바란다.

참고문헌
〈사회정서학습을 뒷받침하는 대표적인 이론들〉

Ajzen, I.(1988). Attitudes, personality, and behavior. Chicago: Dorsey Press.

Bandura, A., Adams N.E., Beyer, J.(1977). Cognitive processes mediating behavioral change. J Pers Soc Psychol, 35(3), 125–39.

Bandura, A.(1986). Social Foundations of thought and action: A social cognitive theory. NJ: Prentice-Hall.

Bronfenbrenner, U., &Morris, P.A.(1998). The ecology of developmental processes. In W. Damon&R.M. Lerner(Eds.), Handbook of child psychology: Theoretical models of human development. 993–1028. John Wiley&Sons Inc.

Campos, J.J., Mumme, D.L., Kermoian, R., &Campos, R.G.(1994). A functionalist perspective on the nature of emotion. Monogr Soc Res Child Dev. 59(2–3), 284–303.

Catalano, R.F., & Hawkins, J.D.(1996). The Social Development Model: A Theory of Antisocial Behavior. In Hawkins, J.D.(Ed.), Delinquency and Crime: Current Theories, 149–197. New York: Cambridge University Press.

Conner, M., &Sparks, P.(2005). The Theory of Planned Behavior. In Conner, M.&Norman, P.(Eds.), Predicting Health Behaviour: Research and Practice with Social Cognition Models, 121–162. Buckingham: Open University Press.

Crick, N.R., &Dodge, K.A.(1994). A review and reformulation of social information-processing mechanisms in children's social adjustment. Psychological Bulletin, 115, 74–101.

Deci, E.L., &Ryan, R.M.(2012). Self-determination theory. In Van Lange, P.A.M., Kruglanski, A.W., &Higgins, E.T.(Eds.), Handbook of theories of social psychology, 416–436. Sage Publications Ltd.

Fishbein, M.&Ajzen, I.(2010). Predicting and Changing Behavior: The Reasoned Action Approach. New York: Psychology Press.

Izard, C.E.(1991). The Psychology of Emotions, New York: Plenum Press.

Kabat-Zinn, J.(1990). Full catastrophe living: Using the wisdom of your body and mind to face stress, pain and illness. New York: Delacorte.

Kusche, C.A.&Greenberg, M.T.(1994). The PATHS Curriculum. Seattle: Developmental Research and Programs.

Leggett, E.L.(1985). Children's entity and incremental theories of intelligence: Relationships to achievement behavior. Paper presented at the annual meeting of the Eastern Psychological Association, Boston.

MaGuire, W.J.(1972). Attitude change: The information processing paradigm. In C.G. McClintock(Ed.), Experimental social psychology, 118–138. New York: Holt, Rinehart&Winston

Petty, R.E., &Cacioppo, J.T.(1986). The elaboration likelihood model of persuasion. In Communication and persuasion, 1–24. New York: Springer.

Petty, R.E., Barden, J., &Wheeler, S.C.(2009). The elaboration likelihood model of persuasion: developing health promotions for sustained behavioral change. In Diclemente, R.J., Crosby, R.A., &Kegler, M.(Eds.), Emerging theories in health promotion practice and research(2nd ed., 185–214. San Francisco: Jossey-Bass.

Russell, J.A.(1980). A circumplex model of affect. Journal of Personality and Social Psychology, 39(6), 1161–1178.

Sroufe, L.A.(1996). Emotional Development: The Organization of Emotional Life in the Early Years. New York: Cambridge University Press.

Tseng, V., Seidman, E.A.(2007). systems framework for understanding social settings. Am J Community Psychol 39, 217–228.